新\时\代\中\华\传\统\文\化

■ 知识丛书 ■

中华姓氏文化

百家姓

主编 ◎ 李燕 罗日明

应急管理出版社

·北京·

图书在版编目（CIP）数据

中华姓氏文化/李燕，罗日明主编 . －－北京：应急管
理出版社，2022

（新时代中华传统文化知识丛书）
ISBN 978 - 7 - 5020 - 9129 - 3

Ⅰ.①中…　Ⅱ.①李…　②罗…　Ⅲ.①姓氏—文化—
中国　Ⅳ.①K810.2

中国版本图书馆 CIP 数据核字（2021）第 236340 号

中华姓氏文化（新时代中华传统文化知识丛书）

主　　编	李　燕　罗日明
责任编辑	高红勤
封面设计	郑广明

出版发行　应急管理出版社（北京市朝阳区芍药居 35 号　100029）
电　　话　010 - 84657898（总编室）　010 - 84657880（读者服务部）
网　　址　www.cciph.com.cn
印　　刷　北京市兆成印刷有限责任公司
经　　销　全国新华书店

开　　本　710mm × 1000mm$^1/_{16}$　印张　$6^1/_2$　字数　90 千字
版　　次　2022 年 3 月第 1 版　2022 年 3 月第 1 次印刷
社内编号　20211273　　　　　定价　29.80 元

序　言

　　姓在前，名在后，这是我们中国人特有的称谓标志，也是中华文化影响下的儒家文化圈的统一标识。儒家文化讲究追本溯源，认为没有过去，就没有现在；没有祖先，就没有生息繁衍的中华儿女。我们祖先遗留的印迹在哪里呢？就在我们的姓氏当中。

　　同姓同宗，同根同源，"一笔写不出两个姓""五百年前是一家"。无论何时，无论何地，只要碰到同姓之人，华夏宗亲的味道一下子就变得浓厚了。这是因为彼此的根源一致，可以追思到共同的祖先。

　　姓氏文化不仅代表着一种慎终思远的情结，更具有现实意义。

　　姓氏代表着一种历史的延续，一种文化的传承。研究姓氏文化，有助于我们完善和整理中华历史的发展脉络，有助于我们从历史中汲取知识和力量。例如，研究一个姓氏的分布规律，可以了解到古代移民迁徙的脉络；研究一份家谱，可以了解中国民间哲学的发展脚步。

　　因此，我们现代人不应该仅将姓氏作为一种标志，而是要将它看作中华传统文化。研究和发展中华姓氏文化，是对传统文化的极大丰富。中华姓氏文化是历史留给我们的一座丰富的精神矿藏，是珍贵的文化遗产，我们应该认真研究、传承和开发它。

　　出于这个目的，我们编著了《中华姓氏文化》一书，期待通过这本书，让读者了解中华姓氏文化，进而传承中华姓氏文化，并为中华姓氏文化乃至中国文化而骄傲。

本书分为四章。其中前三章从起源、地域和变革的角度，解析了中国姓氏的发展脉络；第四章则主要对一些中华大姓的历史源流进行简单的介绍。因为篇幅有限，本书在公安部户政管理研究中心发布的《二〇二〇年全国姓名报告》的基础上，选取了人数排名居前二十位的姓氏，并依据人数多少进行排列。本书选取的姓氏及排列顺序，不具有任何比较意义，对此请读者理解和包涵。

目　录

附录　《百家姓》

第一章

解开中华
姓氏密码

一、中华姓氏的上古起源

中华姓氏传承几千年，到现在依然是中国文化中不可或缺的重要组成部分。几千年的历史风云中，隐藏着中华姓氏文化的起源秘密。下面就让我们从原始部落时期探寻中华姓氏文化的起源之谜吧！

中国人经常讲追本溯源，那么在中国人的身上，最显著的来自我们祖先的标志就是姓氏了。类似"五百年前是一家"的话语总是在提醒我们，姓氏关乎我们整个民族的来源。那么，姓氏是什么时候产生的，又是怎样塑造了中华民族的呢？

根据考古研究，学者认为中国人使用姓氏已经有数千年的历史了，可以说中华民族是人类历史上第一个使用姓氏的民族。南宋史学家郑樵在《通志·氏族略》中记载："三代以前，姓氏分而为二，男子称氏，妇人称姓……姓所以别婚姻，故有同姓、异姓、庶姓之别。氏同姓不同者，婚姻可通；姓同氏不同者，婚姻不可通。三代之后，姓氏合而为一，皆所以别婚姻而以地望明贵贱。"这说明秦汉以前姓氏并不是一个概念，即便在同一个族群中，姓氏的用途也是不同的。但同时这也说明早在秦汉之前，我们的姓氏体系就已经非常完整了。那么，姓氏是因何产生的呢？有学者认为它可能源自最早的原始崇拜。

原始崇拜，就是人类在蒙昧时期，因为认知水平低下，无法了解自然与人类活动之间的关系，进而对自然现象与生活中的一些事件产生联想，然后产生了对自然的迷信崇拜。几乎所有的民族，在其蒙昧阶段都曾对太阳、月亮、星辰、山川，乃至动物和植物产生过崇拜，这就是原始崇拜。

原始崇拜发展到一定的阶段，便出现了我们熟悉的图腾。人们将自然以图腾的形式刻画下来，然后作为崇拜的实物寄托，于是不同的图腾便成了不同部落或民族的标志。例如，有的原始部落以云彩为图腾，有的原始部落以猛虎为图腾，有的原始部落以雄鹰为图腾。图腾作为部落独特的标识，有了组织同族、区分异族的作用。

随着语言的发展，图腾继续演化，慢慢地便成了部落的自我称呼。例如，我们看一些原始部落的纪录片，总能看到类似"老虎部落""雄鹰部落"的部落称谓，这其实就是图腾语言化的表现。而这种语言化就是姓氏的开始。在中国神话传说里，我们也能够找到这样的影子：炎帝神农氏的母亲因为感应到神龙绕身而生炎帝于姜水，因此神农就以姜为姓；黄帝的母亲附宝，因为在大野中见到雷电绕北斗七星感而有孕，生黄帝于轩辕之丘，育于姬水之畔，因此以姬为姓；鲧的妻子因为吞吃了薏苡这种植物而怀孕，生下了禹，因此夏人以薏苡为图腾，以姒（即苡字的演化）为姓；商祖简狄吞玄鸟之卵而生契，故以玄鸟为图腾，以子（即卵）为姓……

神话传说虽然有一定的虚构性，但至

出土的先秦太阳玄鸟金箔

中华民族的精神图腾华表

少也说明了早期姓氏的出现确实是以部落为单位，从部落的象征转化而来的。历史学家郭沫若在他的《甲骨文字研究》中指出："凤姓起源于凤鸟图腾……古有凤姓之国，春秋时有任宿、须句、颛臾皆凤姓。"

由此可见，我们中华古姓氏都起源于部落时代。起初姓氏是一种共同的标识，到了后来逐渐演化成为一个部族的姓氏，最后成为中国人所特有的姓氏。

姓氏的起源我们了解了，那古代姓氏又有什么样的分别呢？我们今天的姓氏，是不是都继承自炎帝、黄帝时期呢？前文说的"男子称氏，妇人称姓"又是怎么回事呢？

二、姓与氏的区别是什么

几千年前，姓氏并不是一个词，而是分开使用、指代不同意义的两个词语。那么，古代的姓与氏都代表什么？它们又是如何发展成了今天这般模样？下面我们就来一探究竟。

姓氏在今天是一个名词，代表的是我们中国人的姓，但在先秦时期，姓与氏是完全不同的。姓在先秦时期是一个部落的标识，发展到后来，变成一个族群的统一标识。例如，周朝王室姓姬，姬就是他们全体王室成员的共同标识，他们的族群发展得再大，统一标识也是不变的。也就是说，古代的姓代表着血缘，同姓的人必定有一个共同祖先。

那么，氏又是从何而来的呢？氏是在姓之后出现的。部落族群逐渐扩大，当规模扩大到一定程度之后，就会慢慢分化成众多的小部落。一些小部落再进行迁徙，就慢慢与原来的部落有了差异。这个时候，为了表明自己的不同，就在姓的后面增加了一个氏。

如黄帝为姬姓部落的始祖，但他的二十五个儿子，却分为十二氏族；炎帝是姜姓部落的始祖，其后裔却有烈山氏、祝融氏，以及齐、吕、申、许等氏族分支。

氏这个字在甲骨文中是木本的意思，也就是植物的根。植物的根系发达，分支很多，但本源都是一个。这就很形象地为我们表明了姓与氏之间的关系。

那么，氏的来源都有哪些呢？

最常见的就是因分封而得的氏。

《左传》说:"天子建德,因生以赐姓,胙之土而命之氏。"胙土命氏的意思就是天子把土地分封出去,然后就有了氏。先秦实行分封制,国君需要把土地分封给自己的亲族,亲族再往下分封,这样家族因为分封而迁徙各地,新的氏也就产生了。

例如,周朝的王族,周武王名姬发,姬是周这个部落的姓。武王在拥有天下之后,把自己的弟弟、儿子分封到各地,建立了郑国、蔡国、曹国等诸侯国。这些诸侯国于是以国名为氏,《郑伯克段于鄢》里的郑伯就是姬姓,郑氏,名寤生。

再比如,孔子的祖先是宋国的贵族,宋国是周武王给商纣王的兄长微子启(也称微子、宋微子)册封的诸侯国,商朝王室姓子,宋国的国姓也是子,所以推导出孔子也姓子。

同时,诸侯国以国名为氏,孔子祖先是宋国的贵族,他们的氏应该是宋。然而孔子有一位祖先叫子嘉,字孔父,因为内乱而被杀,他的后人逃离宋国,后来就以子嘉的字为氏,于是就从宋氏改称孔氏,并一直延续到了孔子出生的时代。所以,孔子的真实称谓应该是,姓子,孔氏,名丘,字仲尼。

还有一些氏的来源比较奇特,例如以职业、官职为氏。

在部落中,随着生产力的发展,一些人开始从共同的工作中脱身,从事一些更具专业性的工作。这种专业性的工作在父与子、子与孙之间传承,形成了类似亲缘内接班的情况,于是氏便成了他们的统一标识。例如,古书中

负责陶器制作的陶氏、主管刑法的大理氏等，这些氏便是他们那个家族的标识了。

晋朝的创建者司马炎，因为皇位得来的不太光明正大，所以经常向群臣强调他们司马这个姓氏的古老。那么，司马家族的姓氏真的那么荣耀吗？司马是掌管军政、军赋、马政的官职。相传少昊就设置有司马一职。周宣王时程伯休父官拜司马，后来这个官职代代相传，逐渐变成了这个家族的氏。从这个角度上讲，司马炎说的也是有根据的。

讲到这里，大家应该注意到一个现象，那就是先秦时期的姓很少，而氏却很多，例如，郑、曹、蔡等都是氏，但他们有一个共同的姓——姬。然而在现代，我们却发现姓非常多，统计起来，今天全中国仍在使用的姓约有6000多个。这说明了什么呢？这说明我们今天的姓其实是古代的氏，而古代的一些姓大多在历史中消亡了。也就是说，我们中华民族本来源自一个部落、一个始祖，后来因为种种原因，大家分化为不同的氏族，才形成了我们今天的百家姓、千家姓。明白了这一点，我们也就明白了中华民族的起源，进而应该发自内心地认同我们的国家和民族，这也是姓氏文化在今天的价值和意义。

三、姬、姜、赢，女字旁的上古大姓

在中华姓氏中，女字旁的姓氏多为古姓，它们是几千年前就已经出现的姓。有趣的是，姬、姜、姚、赢、姒、妘、妫、姞，这上古八大姓不仅都有女字旁，而且还都与古代贵族有关。这些姓氏的背后究竟隐藏着什么样的故事呢？

春秋战国之前，古代贵族的姓大多有一个女字旁，例如，黄帝的姬姓、炎帝的姜姓、伯益的赢姓等。事实也是如此，中国上古八大姓——姬、姜、姚、赢、姒、妘、妫、姞（另一种说法为姬、姜、姚、赢、妘、妫、妊），它们都有一个女字旁。那么这是为什么呢？

有人认为，这反映的是上古姓氏是从母系氏族时期开始出现的。这种说法有一定道理。在母系社会里女性地位较高，子女知其母，不知其父，所以同一个姓代表的是同一母系的血缘关系，因此都有女字旁。古人认为，同一血缘的后代是不能够婚配的，否则将会对氏族产生影响，这种符合现代遗传学的习俗被古人总结成"男女同姓，其生不蕃"八个字。

《通志·氏族略》记载："氏同姓不同者，婚姻可通；姓同氏不同者，婚姻不可通。"也就是说，男女同氏是可以婚配的，因为氏不代表着血缘；如果男女在血缘上是相同的，也就是同姓，则不能够通婚。

既然不能通婚，那就要做出一个区分。在部落时代，因为部落人数有限，因此区分是否为同一血缘的人十分容易。然而到了国家时代，因为族群的迁徙、居住地的扩大，同一血缘的族人分散在各地，彼此之间断了联系也是时有发生的。此时，姓就成了血缘的标志。而姓使用最频繁的情况自然就是婚姻了。

在先秦时期，各诸侯国的贵族都是有姓的。贵族嫁女儿时，通常会将姓放在前面作为标志，目的就是避免出现同姓通婚的情况。所以，我们才能够在姓上面看到女字旁的出现，意思就是某某族之女。

例如，春秋时期，齐国、吕国、申国、许国都是姜姓诸侯国，因为同姓不能通婚，所以这几个国家是不能够联姻的。晋国国君姓姬，所以齐国的公主可以嫁给晋国的国君。晋文公的夫人就是齐桓公的宗室女，因为齐是她的氏，所以史书上称她为齐姜。

当然，贵族的女儿出嫁后名字也会发生改变。比如，春秋时期的女子庄姜和宣姜就是分别嫁给卫前庄公、卫宣公后以自己所嫁之人的国姓来命名的；还有春秋时期著名的桃花夫人，她是陈国人，陈国的姓为妫，桃花夫人嫁给息国国君后，就被称为息妫了。这些都是以夫家的国名加自己本国的姓来命名的人。

周武王

所以，我们通常说的息妫和齐姜不是单单指某个人，可以说是一种代称。但是，随着战国时期的到来，诸侯纷乱，很多诸侯甚至被自己的大夫所取代，例如姜姓吕氏的齐国就变成了妫姓田氏的齐国，韩赵魏三家取代了姬姓的晋国，这样女字旁古姓的礼法价值就大大降低了。

但无论如何，女字旁的上古八大姓，不但为我们保留了当时一些习俗上的信息，而且还影响了我们中国人的姓氏文化。因此对于这些知识，我们应该加以了解。

四、复姓是怎么来的

复姓是中华姓氏文化中的独特存在，但随着时代的变迁，现在的复姓已经很少了。复姓作为中华姓氏文化的一部分，了解其来源和演变，可以让我们更好地理解中华姓氏文化的传承。

今天我们中国人的姓氏大多数都只有一个字，而多于一个字的姓氏，我们就称其为复姓。复姓在我们中国人中间并不特别常见，但也绝非稀有。例如我们熟悉的司马、欧阳、夏侯等复姓，在文学作品中非常常见，在我们身边偶尔能够见到。

不过，除了最常见的几个复姓，其他的复姓我们大多数人可能就说不上来了。这是不是因为我们的复姓太少了呢？当然不是。《中国姓氏大辞典》显示，我国从古至今，各个民族用汉字记录的复姓之多，远超一般人的想象。据统计，我国曾出现的双字姓多达 9012 个、三字姓 4850 个、四字姓 2276 个、五字姓 541 个、六字姓 142 个、七字姓 39 个、八字姓 14 个、九字姓 7 个、十字姓 1 个……看到这里，恐怕有读者会非常震惊——我国居然有九字姓、十字姓？事实还不止如此，我国最长的复姓有十七个字之多，它是"鲁纳娄于古母遮熟多吐母苦啊德补啊喜"。

当然，类似这样长的姓，我们想一下便知道它一定是少数民族的汉译姓，这在我国姓氏文化中当然只是一个特殊的存在。对我国民族文化影响深远的复姓，其实还是以双字姓为主。那么，这里我们就有一个疑问了，这些双字姓是怎么出现的呢？

第一，从封邑而来。根据史书记载，春秋时期晋国大将魏颗屡建战功，后受封于令狐邑，他的后人便以令狐为姓。又如，老子后裔李宗受封于段干，他的后人就以段干为姓。此外，上官、梁丘、羊舌、钟离等复姓都属这种情况。

第二，从居地得来。例如，周朝时齐国公族大夫有居住在国都临淄内城东侧的，因为内城叫郭，所以后人就以东郭为姓；齐国有位大夫居住在闾丘，当时人们称他为"闾丘婴"，他的后人于是以闾丘为姓；还有南郭、西门、濮阳等复姓也是因居地而得。

第三，从官名而来。在先秦时期，司马、司空、司寇、司徒这些都是重要的官职，一些从事这些官职的人便以此为姓氏，并传承给了子孙，如晋代的国姓司马，就是上古司马家族的后代。除了这些，太史、巫马、乐正等复姓也都是从官名而来的。

第四，从祖先的字号、爵系、族系得来。例如，公羊这个复姓的来源就是春秋时期鲁国的大夫公孙羊孺，他的后人以祖先的字号为姓，于是就改姓了公羊。除此之外，子阳也是由祖先的字号得来的。而公孙、仲孙等复姓则是由祖先的爵系得来的，叔孙等复姓则是由祖先族系而来。

第五，古代少数民族汉化之后的改姓。在我国古代，中原汉文化不断影响着周边的少数民族，很多民族逐渐汉化，而他们汉化的一个突出的特点就是改用汉字姓。例如，古代鲜卑人曾分为很多部族，北魏的王族就是鲜卑族拓跋部，拓跋便出自此部。除此之外，赫连、万俟、休屠

司马懿

等都是少数民族汉化之后的改姓。

关于中原复姓与周边民族汉化改姓，南宋的郑樵特意把从西汉到唐朝的少数民族复姓划分为代北复姓、关西复姓、诸方复姓三大流派。宋朝以来又陆续增加了鲜卑复姓、契丹复姓、女真复姓、蒙古复姓、满洲复姓，以及南方少数民族的复姓流派等。

复姓在中国古代是非常多的，但是随着时代的变迁，现在有些复姓已经基本消失，类似公羊、即墨、公良、第二等这些复姓我们都已经很难找到。现代，因为我国的人口众多，导致出现了很多的重名，曾经有一段时间流行单姓改复姓，但是这些后改的复姓在本质上并不算是复姓，因此也没有被国家列为复姓。

复姓作为中国姓氏最重要的组成部分之一，在某种程度上也代表着中国姓氏的发展历程，可以让我们从中了解中国姓氏的起源和发展。

五、为什么有的姓人数特别多

如果你仔细观察，就会发现自己身边姓李、姓刘、姓王的朋友会比其他姓氏的朋友多很多，这是因为这些姓氏在中华姓氏中属大姓。所谓大姓就是这些姓氏的人口在总人口中占比很大。为什么会出现这种情况呢？这还要从我国古代帝王姓氏说起。

我们每个人的身边一定有姓李、姓王、姓张的朋友。然而，如果问到有没有姓柏的朋友、姓管的朋友、姓蓝的朋友，恐怕很多人就摇头说没有了。事实就是如此，我国现在虽然有数千个姓氏，但我们身边绝大多数人的姓氏都包含在那十几个大姓中。这就表明了姓氏在我国有着明显的分布不均的状况。

目前，人数在两千万以上的姓氏有十个，分别是王、李、张、刘、陈、杨、黄、赵、吴、周。仅这十个姓氏的人口就占了我国总人口的 40% 之多。有一些罕见的姓氏，全国加起来的人口也不过几千人。那么，是什么造成了这样严重的姓氏分布差异呢？通过总结，我们大致可以归为以下几种原因：

首先，大姓享有的生存空间更大，因此繁衍能力也就更强。那些人数较多的大姓，很多都是曾经的国姓，例如汉代的刘、隋代的杨、唐代的李等；还有其他一些姓氏，虽然没有出过皇帝，但在历朝历代都有强大的影响力，例如王姓多出于上古王族，张姓在道教影响力巨大。这样的状况导致这些姓氏在古代往往容易占据生存空间，因此也更容易开枝散叶。以李唐为例，唐朝优待皇室，导致皇室占据了大量的田地、产业，李氏后裔因此人数越来越多。到唐朝末期，能够考据的出于李唐宗室的人数就多达十余万，而不可考的不知道要比这些多出多少倍。

其次，小姓改大姓，时有发生。在我国古代，改姓是非常常见的一种状况，主要有赐姓改姓、避难改姓和少数民族改姓。

赐姓改姓很容易理解，就是皇帝对有功的大臣进行褒奖，赐给他们一个在当时比较高贵的姓氏。例如，唐朝有一位大将叫徐世勣，因为战功卓著，就被皇帝赐姓李，因此改名李世勣；明末大英雄郑成功，也曾经因为战功被赐予明朝皇室的姓，因此也被当时的人称为"国姓爷"。历史上的赐姓一般都是赐予和皇族有关的姓氏，这就促成了一些家族的改姓。而这些家族在当时本就享有一定的影响力，因此后代人数也往往比较多。

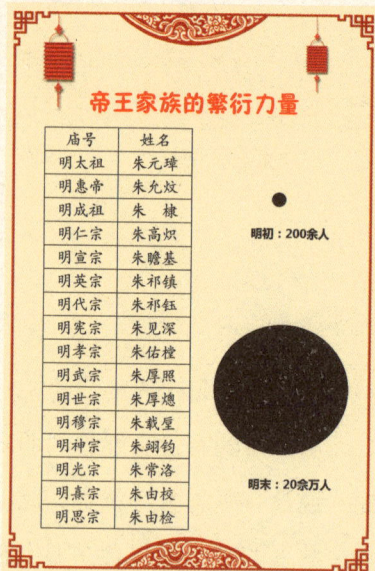

帝王家族的繁衍力量

庙号	姓名
明太祖	朱元璋
明惠帝	朱允炆
明成祖	朱　棣
明仁宗	朱高炽
明宣宗	朱瞻基
明英宗	朱祁镇
明代宗	朱祁钰
明宪宗	朱见深
明孝宗	朱佑樘
明武宗	朱厚照
明世宗	朱厚熜
明穆宗	朱载垕
明神宗	朱翊钧
明光宗	朱常洛
明熹宗	朱由校
明思宗	朱由检

明初：200余人

明末：20余万人

避难改姓主要是因为战乱或朝代更替，导致一些家族不得不迁徙避难，在这个过程中，为避免被当权者迫害，一些人就会选择改姓，而改姓往往就是改为一些常见的大姓。例如，三国著名的大将张辽，他的本姓为聂，在乱世中他的家族遭遇了危险，因此在迁徙中就改姓了张。

改姓是少数民族在汉化过程中非常常见的一个现象。例如，汉末时，匈奴贵族在汉化之后纷纷改汉姓，其中改姓最多的就是刘；唐朝时，很多契丹人、回纥人也曾改姓，改姓最多的是李；明朝时，一些曾在元朝做过官的色目人纷纷改姓，改成张、郑、何等姓氏，其中我们熟悉的郑和就是原名马三保的色目人；到了清末，随着封建帝制的结束，一些满洲贵族也纷纷改姓，例如一些皇室爱新觉罗家族的后人，就改姓了金、艾等。

正是因为大姓相对于小姓有着非常大的生存优势，所以随着时间的流逝，一代代人的延续，大姓的人数越来越多，小姓的人数相对就越来越少，因此才形成了今天这种少数大姓占人口总量比例较大的局面。

六、中国姓氏源流与家谱

在古代，家族谱系与人们的生活密切相关，家族成员间辈分分明，长幼有序，尊卑有别。到了现在，家族谱系只在少数地区依然存在，完整性上已经不如从前了。作为中国人寻根溯源的宝典，家族谱系的历史演变是每个中国人都该了解的内容。

清朝末年，在镇压太平天国起义时涌现出两位非常有名的人物——曾国藩和曾国荃。一看名字我们就知道他们是同辈。这是因为在古代同辈之间往往名字中会有同样的字，这其实就是长辈在取名时，特意根据家族谱系做出的选择。只不过，随着经济的发展，这种谱系对我们中国人起名的影响越来越小，但是在古代，家族谱系可是很重要的。

为什么古代人非常重视家谱呢？因为在生产资料匮乏的年代，集体的力量要远比个人的力量更加强大，而最稳固的集体莫过于用血缘组织起来的家族。然而随着家族人数的增加，如何能够在家族成员中维系一种稳固的关系呢？那就要靠家族谱系了。简单来说，在古代有两个姓孔的人，他们彼此之间不认识，但一查谱系，两个人可以找到共同的祖先，再一排辈分，两个人居然还可以互称兄弟，无形中就拉近了两个人的关系。

那么，什么是家族谱系呢？家族谱系就是我们简称的家谱。它主要是用来系统记述某一个有共同祖先的宗族的世系人物关系的书籍。在家谱上，我们能够看到这个宗族每一世系的清晰脉络，还有与之相关的其他历史事件。

在中国传统文化中，家谱的历史是非常久远的。周朝的时候，中央和各诸侯国都设立了史官，负责记录、整理、保管贵族家谱，从而形成了完备的史官修谱制度。到了魏晋南北朝时，由于士族势力增大，家族世系与官职联系在了一起，因此家谱就更加为人所重视。

唐朝时，为了巩固李氏皇族的统治，加强社会地位，李世民命人编纂《氏族志》，把全国士族分为九等，武则天掌权后又将《氏族志》改编为《姓氏录》，重新定义了士族的标准。到了宋代，除了皇室家谱，官府不再组织编纂各姓氏谱系，然而私人修撰家族谱系的工作却没有停止。到了明清时期，私家修谱更是盛行不衰，并一直影响到了今天。目前存世的家谱基本上都是明清时期撰修的。

家谱，代表着一个家族的历史和传承，是中华民族源远流长的最好的展现。那么，一个完整的家谱具体包括哪些内容呢？一般来说大致有以下几部分：

谱名，即姓氏，有些还会在姓氏前加入籍贯，如《某地某氏族谱》；

谱序，相当于一本书的序言，包括修谱的原因、目的、经过，家族的历史渊源、迁徙过程，等等；

谱论，与家族有关的各种祖先遗训，类似《颜氏家训》；

画像，家族主要人物的遗像；

族规家法，内容包括遗产继承、婚姻纠纷、祭祖祀宗、日常生活等；

先世考，记载本支的源流、世系、迁徙及各支系的亲疏关系；

世系，世系是家谱的主体部分，内容是对所有家族成员的姓名、号、生卒年月、事业等情况的记载；

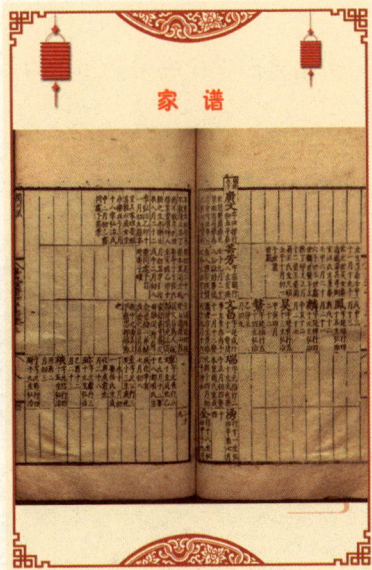

年谱，按年月日专门记载每一个人的生平事迹；

恩荣录，记录历代皇帝对家族成员及其亲属的封赐，包括诰命、赐匾等。

除了以上重要内容，有些家族的家谱还包括祠堂、传记、族产、坟茔、家礼、仕宦、五服图等内容。

从如此丰富的家谱内容可知，家谱是我们中国人寻根溯源的宝典，是祖先留给我们无比珍贵的历史资料。

第二章

与地域息息相关的姓氏文化

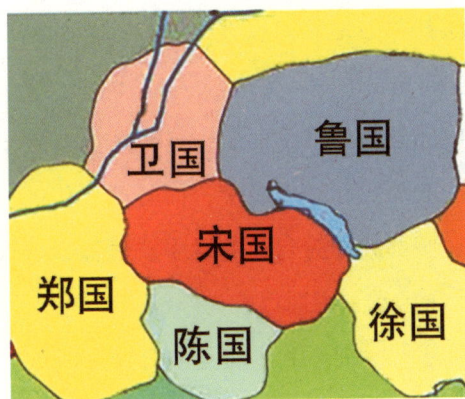

一、那些源自地名的姓氏

中华姓氏的来源非常广泛，其中很大一部分都与地域文化息息相关，像郑、鲁、陈、卫这些姓氏便源自古代的地名。想要详细了解这方面内容，我们需要去春秋战国时期寻找答案。

追根溯源，姓氏就是我们每个人的本源。然而姓氏又是从何而来的呢？在古代，对姓氏影响最大的事件之一就是部族的迁徙，因此我们现在很多姓氏其实都源自地名。那么，源自地名的姓氏又有哪些呢？它们是怎么从地名中得来的呢？

上古时期，大多数部族都要临水而居，这样才能获取干净的饮用水。对于身边的水源，古人一般都会起一个名字，而随着年代的演变，有一些本来取给水源的名字就被一些部族作为自己的姓了。例如，神农氏生于姜水，因而以姜为姓；黄帝出生于姬水，因而以姬为姓氏。

商、周时分封制度盛行，天下共主将土地分封给诸侯，很多诸侯便以封地作为姓氏。商代诸侯众多，据称有"八百诸侯"，这八百诸侯里很多人都以封国名为姓氏，因此便有了殷氏、来氏、宋氏、空桐氏、稚氏、北殷氏、目夷氏等。

周武王灭商后，也同样分封了大量的周王室宗族子弟和开国功臣。这些被分封出去的诸侯很多原本同姓，随着时间的推移，一些人开始以国为氏，形成了新的地名姓氏。例如，鲁、郑、卫、晋、吴等五十三个诸侯国，原本同为姬姓，但后来，他们纷纷以国为姓氏，于是就出现了五十三个新的姓氏。

而这些新姓氏的诸侯将自己嫡长子之外的儿子再进行分封，给他们分封城邑，让他们以卿大夫的身份存在于自己的诸侯国里。这些卿大夫的后代慢慢以城邑为姓氏，因此又出现了新的姓氏。例如，鲁国国君分出了蒋、凡、邢、茅等若干卿大夫的城邑，这些小的分支以城邑为姓氏，便出现了更新的姓氏。据统计，仅鲁国的姬姓家族，就衍生出了九十多个不同姓氏。

由此可见，来源于地名的姓氏，除了部族的活动地域，就是春秋战国时期的诸侯封国，以及因为诸侯封国而产生的卿大夫城邑。那么除此之外，还有因为地域而产生的姓氏吗？有，那就是后世以山川命名的姓氏。

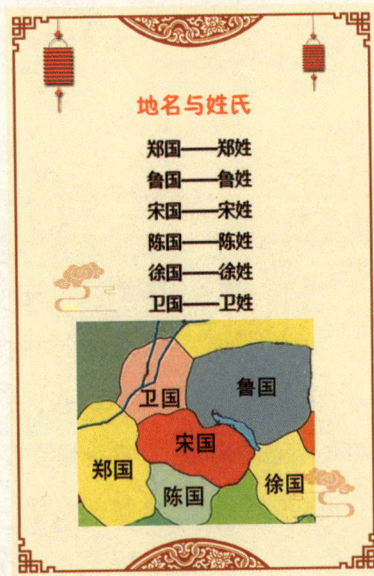

在春秋战国之后，因为分封而产生的姓氏就很少了。例如，汉代时，虽然一样分封了大量的诸侯国，但无论齐国还是楚国，国君仍然保留了刘姓，所以中山靖王无论传了多少代，其后世子孙仍然可以叫"刘备"，而不用叫"中山备"。

但此时还有一种特例，就是中原周边的少数民族在改姓汉姓的时候，往往会选择以自己居住附近的山川为姓氏。例如，鲜卑的某个部族居住在贺兰山的南侧，因此后人在逐渐汉化之后就改姓了贺兰。

综上所述，我们中华民族的姓氏与地域的联系非常紧密，可以说正是因为有着广阔的地域，才成就了我们中华民族丰富多彩的姓氏。

二、分封制与古代的姓氏

在中华姓氏的演变发展中，分封制发挥了重要作用。最初的分封制只是周天子用来分封诸侯、统治天下的政治制度，但在实行过程中，却造就了多样化的中华姓氏。

前面我们提到，我国古代的姓氏在很大程度上都源自古代的分封制。那么，什么是分封制呢？它又是怎样影响姓氏的演变发展的呢？

虽然在尧舜禹时代，我们就能够看到分封的影子，但比较完善的分封制实际上起源于周朝，它是建立在周朝宗法制的基础上的。

宗法就是宗子法统的简称。宗子就是嫡长子，是正妻生下的第一个儿子；法统就是规定好的继承制度。在周朝建立之后，朝廷对于王位的继承制定了明确的制度，就是"传嫡不传庶，传长不传贤"。

我国古代是一夫一妻多妾制，嫡子就是妻所生的孩子，庶子则是妾所生的孩子。所谓"传嫡不传庶"就是正妻所生的孩子继承王位，哪怕妾先生下了孩子，但因为妾的身份没有妻高贵，所以她的儿子也只能看着妻的儿子继承王位。那么什么是"传长不传贤"呢？就是即便是嫡子，也要有一个排位顺序，这个顺序就是看谁先出生。如果有两个以上的嫡子，哪怕小的嫡子比年长的嫡子更贤明，更适合统治天下，也不能将王位传给他。

我国古代为什么要制定这样的王位继承制度呢？其实，这个制度的好处就是在法律上规定了继承的条件，避免因为争夺王位导致的同室操戈、手足相残。

　　然而，宗法制保障了嫡长子的权利，那么其他的儿子该怎么办呢？对此，周朝还有另一个办法，那就是分封制。

　　分封制，就是国君要把国内的土地分一部分出去给其他的子孙，以免日后出现嫡长子做国君，其他子孙却成为平民的尴尬情况。

　　例如，周王朝在建立之后，在国土上划出一大片土地，建立由周王直接统治的中央特别行政区，称之为"王畿"，而将王畿以外的土地划分为大小不等的无数块，分给王室子孙。这样前一个周王去世之后，嫡长子继位成为周王，其他子孙则前往封国成为新的诸侯。

　　需要指出的是，这时候的封国与周王朝刚刚建立时分封天下功臣不同，这时的分封主要集中在前一个王的子孙中间，划分的土地一般都在王国内部，且每一块土地的面积都比较小。这就相当于周王把自己王国里面的土地，分给了子孙一起管理，同时也让子孙享有王国中的贡赋。

　　周王室的做法也影响到其他诸侯国，所以各诸侯国也纷纷效仿，在传承权位的时候实行宗法制和分封制。诸侯将中心地区留给嫡长子直接统治，其他的则留给卿大夫作为采邑，而卿大夫也可以将自己分的采邑再分割给士作禄田。这样，全国就形成了一个以王室为中心，向四周辐射的等级分明的宗法分封政治结构。

　　就像我们之前提到的那样，这种分封最终让同一血缘的不同支系开枝散叶，贵族在中原各地建立自己或大或小的封国，到后来一些贵族干脆以封国为姓，最后也就造就了多样化的姓氏。

　　当我们看到春秋时期各封国地图时，就会发现地图上的各个诸侯国的国名和今天我们中国人的姓氏高度重合，这就是分封制带给我们的影响。

三、郡望：名门大族势力范围

昌黎韩氏、琅琊王氏、陈郡谢氏……为什么这些姓氏前面要加上地名呢？
其实，这些地名在古代多为郡名，"郡望"一词则代表着当地有名望的家族。想
要了解中华姓氏文化的演变发展过程，古代郡望文化是不能错过的重要内容。

我们都知道唐代大文豪韩愈自称"韩昌黎"，然而韩愈并不是河北昌黎人，那么他为什么要这样自称呢？原因就是昌黎是韩姓的郡望，自称出自昌黎韩氏，在重视郡望的古代，对韩愈来说会很有面子。

什么是郡望呢？郡是古代的一种地域划分，比今天的县稍大，比省小，望就是名门望族，所以郡望就是在一个地区享有名望的大家族。

郡望与先秦时期的分封制有一些联系，但并不完全起源于分封制。分封将贵族封到了各地建立封国，贵族在管理这些封国的时候会任用一些人才，这样慢慢就形成了某一姓氏的人在一个地区聚集并享有巨大影响力的现象。这个姓氏的人可能是贵族的族群，也可能是封国里面士人的族群。到了汉代，因为朝廷重视儒术，所以各地又出现了很多因为读书而扬名天下的大儒，这些大儒有的来自封国的大姓，有的则不是。他们被征召做官之后，带动了同族当中有才能的年轻人也出来做官，慢慢地这个家族在当地就成了掌握权力的大族。

汉朝灭亡后，魏晋南北朝选拔官员的制度更加向这种大族倾斜，于是形成了一地一个大族的局面，这些大族就被称作"士族"。而与之相对应的普通

家族则被称为"庶族"。因为士族控制着一个地区的文化教育和官员选拔，进而控制着当地的舆论和权力，他们就成了在当地最具有影响力的家族。这样的家族和其所在的地区结合起来就成了郡望。

唐代诗人刘禹锡的《乌衣巷》中有这样两句诗："旧时王谢堂前燕，飞入寻常百姓家。"诗中的王、谢两个大姓就是士族的代表，而他们分别代表的郡望就是琅琊王氏和陈郡谢氏。琅琊在今天山东临沂地区，陈郡在今天河南周口地区。也就是说在魏晋时代，王家和谢家分别在这两个地区享有极高的声誉，甚至控制着这两个地区的政权。

当然，因为大姓的影响力非常大，开枝散叶的能力也很强，所以一个姓氏并不一定只有一个郡望。例如，王姓就因为子孙繁盛，曾出现过二十个郡望，比较出名的有太原王氏、琅琊王氏。

郡望本来是自然形成的，但后来逐渐变成一种辨别亲疏、尊卑的标志。比如，郡望的始祖最开始是因为学问好才名扬天下，到了后来，郡望就代表了学问，再后来哪怕郡望中的代表者实际没有太大的本事，却一样被视为天下难得的人才。

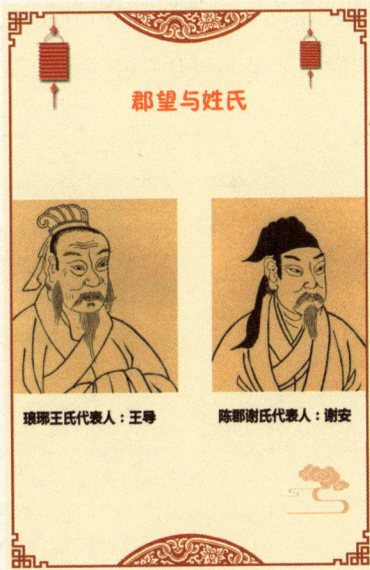

郡望与姓氏

琅琊王氏代表人：王导　　陈郡谢氏代表人：谢安

魏晋南北朝时期，实行九品中正制，规定士族有荫族、袭爵、免劳役等多种特权，也就是郡望的后世子孙可以得到嘉奖或免罪、可以继承爵位、免去劳役赋税等。为了长久保持这种权力，士族只在内部互相通婚，他们以跟庶族产生关联而羞耻，并想尽一切办法排斥庶族。因此，到了南北朝末期，这种由郡望来评定人才的模式便维持不下去了。

隋唐时，科举考试取代了九品中正制，官吏的选拔更多靠真才实学，不再看门第出身。于是郡望的实际作用大大减少，一些原本高贵的世家大族失去权力，逐渐衰微。

然而有趣的是，虽然在朝廷层面上郡望的意义已经很小，但在民间对于郡望依然趋之若鹜。唐朝刚刚建立的时候，就出现过民间追捧前朝郡望比追捧皇族还狂热的情况，唐朝皇室陇西李氏在民间居然比不过清河崔氏这种大姓。这也难怪唐太宗要重修《氏族志》，想尽一切办法削弱郡望的影响力了。

然而，朝廷的法令是没有办法瞬间改变老百姓的习惯思想的，所以直到唐朝中期，韩愈还以"郡望昌黎"为荣。郡望的彻底没落，要到宋代之后了，当时虽然仍然盛行以郡望标注姓氏的习俗，但郡望的实际影响力已经很低很低了。

今天，我们了解古代的郡望，目的是了解古代姓氏的起源、地理分布、社会地位、宗支迁徙等情况。可以说，郡望是解读汉唐中华姓氏文化的一把钥匙，要了解汉唐历史文化，郡望是我们必须研究的重要内容。

四、人口迁徙与姓氏扩散

中华姓氏起源于中原地区，现在已遍布中华大地，即使是同姓宗族也分散在各个地区。究竟是什么原因导致了这种变化？我们需要从几千年来的人口迁徙中寻找答案。

在山西临汾市洪洞县，有一个全国祭祖寻根的圣地。相传中国现在很多散落在全国各地的同姓同胞，其共同祖先很可能就是最早的大槐树移民。

在我们成长的过程中，身边会出现各种姓氏的朋友，而即便在一个地区，也很少见到全部都是同姓的人，这也反映出我国姓氏分散分布的特征。同姓宗族原本是聚居在一起的，那么是什么导致了姓氏在中国各地的扩散呢？

导致我国姓氏扩散的原因主要有三点：

首先，分封带来的迁徙。就像我们在前面讲的那样，古代的统治者大多会向后代分封赐爵，而这种分封赐爵必然带来后代的迁徙。以汉朝为例，刘邦将自己的亲属分封到全国各地，北到燕山山脉，南到洞庭湖畔，各地都有刘姓子孙。这些人经过生息繁衍，后代越来越多，也就让刘姓遍布全国。汉王朝灭亡之后，刘姓宗族没有了那么强大的凝聚力，大多数人成为平民，而刘姓也因此逐渐融入百姓当中。

其次，因躲避战争而出现的迁徙。在古代相当长的一个时期内，中华民族的统治中心一直在中原地区，也就是今天陕西、河南、北京一带，南方地区则被视为蛮荒烟瘴之地。然而，因为北方连续出现战乱，很多大族开始举家南迁，这些南迁的汉人一方面开发了南方经济，另一方面也改变了原有的姓氏分布。

例如，西晋末年的永嘉之乱，导致北方生灵涂炭，世家大族纷纷南迁，最远的迁到福建岭南，史称"八姓入闽"。这些林、黄、何、郑、詹、邱等大族丰富了岭南的姓氏文化，直到今天，林姓、黄姓等依然是福建的大姓。

最后，改朝换代之后的强制迁徙。改朝换代在我国历史上非常多见，而每一次改朝换代，都会导致一些地区的人口大量减少。等到天下局势稳定之后，王朝为了恢复生产力，就会用迁徙人口的方式增加这些地区的人口。于是人口的强制迁徙也就出现了。

最著名的强制迁徙是曹操推行的。他当时在北方实行屯田制，用派兵屯田的方式增加一些地区的人口。后来这些士兵在当地繁衍生息，便带来了姓氏的扩散。还有明朝初年，朱元璋曾经将全国各地的富人、工匠迁到南京，以便充实南京人口。这也引发了南京地区的姓氏大变动。在这种姓氏迁徙中，影响最大的莫过于我们一开始提到的洪洞大槐树大迁徙了。

晋祠水镜台

山西地域闭塞，不容易受到战乱影响，在其他地区因为战争人口锐减的时候，山西的人口却没什么变化。因此在战乱结束之后，朝廷便强行从山西外迁人口，而山西洪洞县就是最典型的外迁区域。据统计，洪洞仅从元末到清初就发生过十八次外迁移民，这些移民充实到了全国各地，也让更多的姓氏扩散到了各地。

　　综上所述，我们可以看到，姓氏文化本是起源于中原地区的，而随时代的演进，最终扩散到了全国。人民的迁徙是姓氏扩散的主要途径。由于迁徙，大姓不断分化，不同姓氏的家族不断融合，并在迁徙过程中进一步推动了中华民族经济、文化的交流，也最终催生了我们今天这个千家百姓的大中华文化圈。

第三章

那些来源特殊的姓氏

一、赐姓，把荣耀记录在姓氏上

在古代，能够获得帝王赐姓，那是天大的荣耀。古代帝王为何要赐姓？哪些人有资格获得赐姓？这种赐姓文化对中华姓氏的演变又有哪些影响？这些问题都可以在本节找到答案。

姓氏来源于祖先，而祖先的姓氏又来源于何处呢？我们之前讲过，姓氏主要是在上古姓和地域氏的影响下形成的。除了这些一贯延续的姓氏，还有一些来源非常特殊的姓氏，其中最值得一提的就是赐姓。

赐姓是古代统治者为了奖赏亲近大臣而采用的特殊手段。汉高祖刘邦为了奖赏娄敬、项伯的功绩，赐娄、项二人刘姓，这被认为是赐姓的开始。而历史上最有名的赐姓，恐怕非三宝太监郑和莫属了。然而，这里又有一个疑问，为什么郑和被明成祖朱棣赐姓郑而不是明代皇姓的朱呢？这其实就是古代赐姓制度的不同。一般来说，古代赐姓分为赐国姓、赐他姓和赐恶姓三种形式。

首先，在一个朝代，皇室的姓氏被称为"国姓"，将国姓赏赐给有功之臣，被认为是对臣民的最高精神奖励。而获得赐姓的臣子将被附入皇室属籍，成为宗室亲贵，这也是皇帝对臣子的一种莫大礼遇。

其次，赐予他姓。在中国古代，有一些与地名有关的姓氏一直被认为是比较尊贵的，例如赵、周、郑、齐等。皇帝如果将这些尊贵的姓氏赐给那些姓氏"一般"的大臣，也被认为是一种特殊的奖赏。

据史书记载，阿史那忠"以功擢左屯卫将军，尚宗室女定襄县主，始诏姓独著史"。因为史姓在当时是名门大姓，社会地位很高，因此阿史那忠被赐予史姓是非常光荣之事。

然而，赐姓虽然荣耀，但剥夺被奖赏的人原有的姓氏毕竟有些不妥，所以赐他姓的情况很罕见。那么，一般又是什么人会被赐予他姓呢？

第一种是赐予投降的将领。为了安抚归顺的政治首领、军事将领，帝王常会赐予他姓，这主要是因为赐姓可以起到改名的效果，进而洗刷掉降将的耻辱。

第二种是羁縻少数民族。汉、唐、宋、明等时期都有不同程度的少数民族问题，为了羁縻外藩，帝王往往会选择赐姓。这时期很多少数民族正处于汉化过程中，因此赐予他姓再正常不过了。

郑成功

除了以上因奖赏而赐姓，还有另外特殊的赐姓方式，就是赐恶姓。赐恶姓简单来说就是命令某些人改用一些寓意较差的姓氏。这种赐姓带有一定的侮辱、贬低意义，一般是用来打击政治斗争失败的对手的。

例如，武则天夺取皇后之位后，将唐高宗原皇后王氏和宠妃萧氏分别改姓为蟒和枭——蟒是大毒蛇，枭是一种凶恶的鸟。李唐宗室的琅琊王李冲、越王李贞等起兵反对武氏专权被镇压后，武则天将这些李姓诸王及子孙改姓虺，虺的意思就是毒蛇。

由此可见，姓氏在我国古代不仅是身份的标识，更是地位的象征。

二、避讳，特殊原因改姓

古人除了因为赐姓而改变自己的姓氏，还会因为避讳而改变自己的姓氏，这样的例子在古代屡见不鲜。古人要避讳什么？这种因避讳而改变姓氏的做法给中华姓氏的发展带来了哪些影响？我们将会在本节中对这些问题一探究竟。

我们现在将故宫博物院后面的大门称作"神武门"，然而在清朝康熙之前，这座大门一直被叫作"玄武门"。因为康熙皇帝名玄烨，为了避讳玄字，玄武门就被改名为神武门。

其实，避讳在我国封建时代非常多见。在古代，尊贵的人的名字是不能被直接称呼的，遇到有同字或同音的情况发生时，就要借一个别的字避讳过去，玄武门改神武门就是最直接的例子。地名需要避讳，姓氏自然也需要避讳。

据历史记载，春秋时期就已经有了因避讳而改姓的情况。少昊设立司空的官职，掌管土木工程，此后便有了司空的姓氏。到了春秋时，因为宋武公名司空，为了避免提到宋武公的名字，宋国姓司空的人就将姓改为思城。

到了秦代，随着皇权的加强，因为避讳而改姓的例子就更多了。因为秦始皇的父亲名楚，不但楚姓改成了荆姓，楚这个字干脆就被荆所取代了。到了西汉，对郡望姓名的避讳开始以法律的形式确定了下来，臣民在文字中若触及帝王名讳属于犯罪，因此，改姓也就更加常见了。

相传，当时有荀姓因为要避讳汉宣帝刘询而改姓为孙。庄光与光武帝刘秀本来是好友，但后来要避讳汉明帝刘庄的讳，干脆改为严光。很多庄姓也同时改为严姓，直到汉朝灭亡才改了回来。我国古代因为避讳而改姓的现象非常常见，总结起来大致有两种形式：

首先，因为避讳皇帝而改姓。例如，慎姓因避讳宋孝宗赵昚而改为真姓，桓姓因避讳宋钦宗赵桓而改为亘姓，宋太祖赵匡胤一个人就让匡和胤两个姓氏的人改姓了康和嗣，等等。

其次，因为避讳皇帝的长辈、配偶而改姓。如渝姓因为要避讳汉景帝的皇后阿渝而改为喻姓，庆姓因为要避讳汉安帝之父刘庆而改为贺姓，玄姓因为要避讳宋太祖之父赵玄朗而改为元姓，等等。

总而言之，避讳的原因主要是敬畏，但这种敬畏是否发自内心就不得而知了。在古代，君权决定一切，君主的一言一行可以决定天下苍生的旦夕祸福，就更不要说强令改姓了。正是因为这种避讳，让古代的姓氏一度非常混乱，也让后人追古溯源变得尤为困难。然而，作为中国姓氏发展历史上不可磨灭的一部分，即便这种因避讳而改姓代表着某种压迫，也是值得我们研究的一种姓氏文化。

三、避难，因为躲避灾祸而改姓

在一些特殊情况下，古代人也会改变祖宗传下来的姓氏，比如因避难而改姓，改姓时有些会对姓氏进行大改，有些则会改为相近的字。因为避难而改变姓氏确实是无奈之举，但这也是中华姓氏演变发展的一部分。

俗话说"行不更名，坐不改姓"，但是真遇到了灾祸，如果能够通过改名换姓躲过一劫，我们的祖先还是会选择"好汉不吃眼前亏"。在封建社会，株连是一种非常严酷的惩罚，一人获罪九族遭难的情况时有发生，因此有些家族在大难临头的时候，就会选择改姓来躲避灾难。

相传皋陶的后裔理徵，因为公正执法得罪纣王，被处死，于是他的妻子带着孩子逃出了商都，改姓了李。纣王杀九侯，九侯的后人到各地避难，不少人就改姓了仇。战国后期，田光帮助燕太子丹策划了荆轲刺秦王这件事。燕国灭亡后，田光的后人为了逃避秦王的迫害改姓了光。

先秦时期，姓和氏的变化比较频繁，因此改姓问题并没有被人特别重视。但到了汉朝之后，因为避祸而改姓的情况就经常被史书记录了。

西汉初年，功臣韩信被吕后所杀，韩信一族险遭灭门之灾。萧何暗中派人将韩信的儿子送往南越（今广东、广西一带）躲避。韩信的儿子为避难，将"韩"字的半边"韦"作为姓。因此至今南方有些韦姓同胞还自称是韩信后人。汉武帝时期，司马迁的族人因为怕《史记》为全族带来灾祸，因此将司马姓改为了同和冯。

明朝初期的靖难之役，让很多读书人成了牺牲品，侍讲学士方孝孺被灭十族，无数人因此丧命。幸运的是方家有一位幼子免遭劫难，他逃脱后改姓施，后人也有改姓何、六的，直到明朝灭亡有的才改回方姓。到了清朝雍正、乾隆时期，统治者大兴文字狱，受到迫害的文人不计其数，很多人只好改姓避难。

由此可见，因避难而改姓多是迫不得已。在这种情况下，改姓的家族大多都会对原有的姓氏产生难以割舍的感情，因此我们往往能够看到前后两个姓氏之间的一些联系。

第一，改姓往往与原来姓氏密切相关。有的改姓是在原来姓氏基础上增减笔画，例如，师姓改为帅姓等；有的改姓是在原来姓氏基础上增减偏旁，例如，谭姓改为覃姓、鲍姓改为包姓，等等；有的改姓是将原来的姓氏拆开，例如，敬姓分别改为苟姓和文姓；有的改姓则是拆复姓为单姓，如端木改姓端和木。

方孝孺

第二，有些改姓是改为与原姓的意义或先人的名号等相关的姓。这当中包括改用与原姓同义的字，例如，将恒姓改为常姓等；还有改用其他与原姓意义有关联的字，如庄姓改为严姓、籍姓改为藉姓等。

第三，有些改姓是改用与原姓音同、音近的字。例如，文天祥的后人因为避难，曾经将文姓改为闻姓。除此之外，还有理姓改为李姓、鞠姓改为曲姓等。

综上所述，我们不难发现，因避难而改姓，是为了让外人忘记他们原来的身份，但从改姓家族的内心来说，还是对原有的姓氏和祖先有着无比深厚的感情。可见无论怎么改姓，中华民族的寻根情结都是抹杀不掉的。

四、屡见不鲜的少数民族改汉姓

民族融合是古代经常发生的事。在民族融合的过程中，少数民族多被汉民族的文化所影响，他们中的许多人也会因此改变自己的姓氏，这为中华姓氏的演变增添了一抹色彩。

在古装影视剧里，我们有时会看到一些少见的姓氏，如拓跋、贺兰、拔野古、纳兰等。这些姓氏真真切切地存在于中国的历史上，然而在现代社会，我们却很少见到这些姓氏。这是为什么呢？

我国是一个统一的多民族国家，一共有五十六个民族。在这五十六个民族中，包括汉族在内的四十多个民族有比较齐备的姓氏文化。拓跋、贺兰这些姓氏，原本都是属于少数民族的，只不过在他们发展的过程中，受汉族影响将原有的姓氏汉化了。在我国历史上，少数民族改汉姓的情况屡见不鲜，总结起来，大致有以下几种类型：

（一）帝王主动向少数民族赐姓

唐朝时，由于国家强大，文化自信，再加上李氏家族有鲜卑族的血统，因此对周边民族采用怀柔政策，很多少数民族将领都被赐予汉姓，例如一位名为阿史那思摩的东突厥人就被赐姓为李。明朝时，一位蒙古族将领哈勒八十因为平定叛乱有功，被明朝皇帝赐鄢姓。

（二）由于仰慕汉文化，少数民族主动改姓

长久以来，中原王朝对于周边民族乃至周边国家都有一定的文化影响力。

因为中国文化先进，日本、越南等国都曾经向中国派遣留学生，学习中国文化，就更不要说周边的少数民族了。无论汉唐还是宋明，都有一些少数民族因为仰慕汉文化主动内附，在汉化的过程中，他们逐渐将少数民族的姓改为汉姓。

而在一些由少数民族统治的朝代，出于对汉文化的仰慕和稳定统治的双重目的，统治者也曾主动将自己少数民族的姓更改为汉姓。比较著名的有北魏的拓跋氏主动汉化，皇族改姓元。

清朝初期，虽然朝廷强调学习满语，保护满族文化，但是进入中原之后的满人还是将原有的姓氏大量改为汉姓。

（三）少数民族为了避难而改汉姓

少数民族因为避仇、避乱而不得已改为汉姓，这在我国的历史上很常见。例如，魏晋南北朝时期，北方经常发生战乱，民族之间互相杂糅，等到北周和隋统一北方时，很多胡人就纷纷改为汉姓。元代时，泉州等南方沿海港口生活着大量的色目人，等到明朝统一天下的时候，这些原来忠于元朝的色目人害怕受到汉人的报复，也纷纷改为汉姓。

综上所述，少数民族文化与汉族文化的融合造就了今天别具特色的姓氏文化。少数民族改姓的历史过程，也正好与中华民族的融合过程相吻合，这也证明了中华民族的凝聚力是靠文化而非武力形成的。

五、那些听起来很陌生的姓

在中华姓氏中，有一些姓氏很少见，但现在依然在沿用。这些姓氏的来源比较独特，在传承演变中也有变化。这些流传至今的罕见姓氏，为中华姓氏文化增添了多样的色彩。

唐玄宗时期，朝廷有一位非常善于管理财政的大臣名叫第五琦。看到这个名字的时候，相信不少人都会一头雾水。这个人到底姓第，还是姓第五？其实，这个人的姓就是第五，第五这个姓现在主要分布在我国西北尤其是陕西的关中地区，只不过因为使用的人数比较少，大多数人在日常生活中看不到罢了。

我们中国有数千个姓氏，而常见的姓氏不过数百，还有很多都是像第五这样的比较少见的姓氏。那么，这些姓氏都有怎样的故事呢？

在我们身边，偶尔能够看到姓宫、姓门、姓季的人。他们的姓氏虽然比较少见，但源流很长。秦朝之前，一些贵族复姓南宫、西门、季孙，后来他们在战乱中纷纷改姓，变成了宫、门和季。

我们也能看到一些比较少见的由满洲贵族姓氏改的汉族姓氏，例如那、赫等，他们就是满洲贵族叶赫那拉的改姓。

除了改姓，还有一些姓氏像第五一样，虽然从未更改，但因为人数较少，所以容易被人忽视。比较少见的新垣、端木就是典型的中国古姓。

新垣这个姓氏，在战国时期就已经出现了。据史料记载，战国时期魏国有一位将军新垣衍曾经出使赵国。只不过新垣这个姓氏在后来的历史上很少出现，因此逐渐被我们忘记了。反倒是现代一位用这个姓氏的日本女明星成了大众心中的记忆。不过有趣的是，根据学者推测，新垣这个姓氏可能是由我国传入日本的。

端木这个姓氏经常出现在一些抗日影视剧中，但要知道，孔子的弟子子贡就叫端木赐，而端木家族的名人在中国历史上也并不罕见。

另外还有一些比较少见的单字古姓，例如操、芈、是、干、子等姓。

除了这些姓氏，还有一些姓氏非常少见且源流不可考证。例如，数字姓氏一、二、拾、千，季节姓氏春、夏、秋、冬，时间姓氏分、秒，自然姓氏东、西、南、北、前、后，等等。

还有些姓氏比较怪异，如难、黑、老、毒、死等，这些姓氏出现的时间往往不算太短。根据历史学家考证，这些姓氏其中大部分都是由鲜卑人改姓而来，而之所以用这些字，主要是鲜卑口语的汉译。

综上所述，常见姓氏在我们中国庞大的姓氏群体中只是很少的一部分。这些罕见的姓氏在中华姓氏中占比较大，而这种现象也从侧面反映了中华姓氏文化的异彩纷呈。这些稀有姓氏，有的有着有趣的历史，有的让人引以为傲，有的则实属无奈，但无论如何，它们都是中华姓氏文化的一部分，也是我们中华文化一脉相承的见证。

第四章

细数人口最多的
二十个大姓

一、王：人口众多的大姓

　　作为我国人口众多的姓氏，王姓一定有着无比独特的地方。那么，王姓人口众多的奥秘是什么？它又是怎样一步步强大起来的呢？接下来就让我们来揭晓答案。

　　有一种有趣的说法是，我们每个人的身边至少有一个叫王刚的人，这是因为王刚这个名字在中国真的是非常常见。当然，这种说法可能有些夸张，但如果说我们每个人的关系网中，都至少有一个姓王的朋友，则绝对是准确的。作为中国第一大姓，王姓的子孙实在是太多了。

　　在我们中国这片土地上，生活着超过一亿位姓王的同胞，也就是每十四个人之中就有一个人姓王。中国的大姓必然有其壮大的历史原因，那么作为全国第一大姓，王姓是怎么来的，又是怎么发展壮大的呢？

　　有学者通过研究发现，王姓的来源主要是贵族后人、赐姓改姓和少数民族改汉姓。中国大姓往往都和历史朝代有关，例如刘姓对应汉朝，李姓对应唐朝，赵姓对应宋朝。而王姓除了一个王莽短暂地当过皇帝，就没有其他人统治过中国。那么他们是怎么成为第一大姓的呢？

　　我们都知道"王"字由三横一竖组成，在中国造字中，三横被解释为天、地、人，一竖贯穿其中，代表着纵贯天、地、人的天下共主。《诗经》有云："普天之下，莫非王土；率土之滨，莫非王臣。"王就是天下的君主，商、周三代的最高统治者就被称为"王"。

虽然商、周的国君都有姓氏，但正如我们之前说到姓氏演变问题时提到的，当原本的姓氏随年代、地域、战乱的情况发生变化时，王姓便成了他们的标志。当商朝和周朝灭亡时，王族的子孙都有改姓王的经历。

尤其是秦统一中国后，姓、氏制度随着周王室的消亡只剩下姓。周代的遗老遗少为了纪念其过去高贵的身份便以氏代姓，这群王姓者便成了名副其实的王者之后。所以这些王姓之人，也有不同的血统。

首先，周天子之后是姬姓王氏。周朝灭亡后，这一族慢慢演化出三支王氏族派。其中一支是姬姓京兆王氏，他们是周文王第十五子毕公高的后裔。另一支是姬姓太原王氏和琅琊王氏，他们是太子晋的后裔。太子晋因谏言被贬为庶人，迁居到琅琊（今山东省一带），其后世子孙在这里繁衍生息。还有一支也是姬姓，他们是周考王弟弟的后代。历史记载，东周时期，周考王姬嵬封其弟姬揭于河南，其子孙遂以封地为氏，成为姬姓王氏。

其次，妫姓元城的王氏是虞舜之后。周武王在建立政权后，将陈国封地授予舜帝后裔妫满，同时又将女儿嫁给他。自此妫姓后人便以陈为氏。后来陈国发生内乱，陈厉公的儿子陈完避难齐国，被齐桓公赐采邑于"田"，故又称田完。后来田完九世孙田和废齐康公而自立为王。田氏在齐国传了八代，为秦所灭，其后裔为避祸又纷纷改姓，大部分改为王氏。

第三，子姓汲城的王氏是商朝比干的后人。比干因劝谏纣王被杀，葬于汲郡（今河南省卫辉市），族人也迁移到了此处。周灭商之后善待殷商后裔，比干的子孙也获得了封地，他们因源出王族也改成了王氏。

除以上三种，赐姓也是王姓的来源之一。在汉朝之后，赐姓开始成为封赏功臣的一种固定方式，而在被赐予的姓氏中，王姓是一个非常普遍的选择。例如，女真人的姓氏完颜，在明代时就曾被赐姓为王。相传成吉思汗的旁支后裔，因长期隐居中原，也有被赐姓王氏的经历。他们的血脉至今仍然在我们中华民族中延续。

除了王姓本身，在历史上我们也能看到一些带王字的复姓，而这些复姓中很多也改姓王。史书上，我们能够找到王人、王叔、王子、王孙、王史、王官、五王、小王、西王等复姓，只不过随着时间的流逝，它们慢慢融入了王姓大家族当中。

作为中国最大的姓氏，王姓在历史上也经历了民族的大迁徙。在先秦、汉晋时期，王姓一直活跃在中原地区。但随着晋末乱世，中原生灵涂炭，王姓家族纷纷举族南迁。这种迁徙直到隋唐时期国家局面稳定才告一段落。

在王姓向各地迁移的历史中，最知名的事件就是河南固始人王审知南迁福建，建立闽国，成为唐末五代十国的君王。王审知也因此成为福建王姓的开山祖，史称"开闽王氏"。明朝永乐年间，这支王姓，开始进入台湾地区，遂改称"闽台王氏"。

王姓在中国历史上名人很多，既有王导、王安石这样的政治改革者，也有王维、王守仁这样的大家。

王导：字茂弘，琅琊临沂（今山东临沂西北）人，著名的政治家、书法家。他在西晋末年向琅琊王司马睿建议移镇建康（今江苏南京），是东晋开国元勋。

王维：字摩诘，盛唐时期诗人、画家，擅长田园诗词，人称"诗佛"。

王安石：北宋改革家、思想家、文学家。除了在政治上大胆革新，他的文学成就也极高，诗、文、词，无一不精。

王守仁：字伯安，号阳明，明朝杰出的理学家、教育家。其创立的阳明心学，影响力遍及整个东亚地区。

二、李：大唐帝国的标志

李姓与王姓一样，都是人口众多的大姓，所不同的是，李姓旗帜下，称王、称帝的人数众多，最具有代表性的是建立了享誉世界、光耀古今的强盛帝国——唐。作为唐朝的国姓，李姓起源何处，又有着何种源流传承？姓氏研究者们一步步揭开了李姓的面纱。

长久以来李姓人口在中国一直是名列前茅的。目前，中国李姓同胞总人数略少于王姓，屈居次席。李姓不仅在数量上占据优势，在历史地位上也有着骄人的成绩。李姓是唐朝的国姓，而唐又是中国历史上最强盛的王朝，因此李姓就和他所代表的王朝一样，成了荣耀的标志。熟悉中国历史的人都知道，除了唐，李姓还是西凉、后唐、南唐、西夏、大顺等政权的国姓，其显赫程度令人惊叹。

树高千丈，必有其根。那么李姓起源于哪里呢？据考证，李姓起源于嬴姓，相传嬴姓之人是颛顼帝的后裔。颛顼后人理徵为理官，管理部族争讼，因为执法如山，为世人敬重，因而得以用官为姓氏，称理氏，后改为李氏。

李氏自商末至东周的两百年间一直居住在中原地区。到了春秋战国时期，李氏的活动地域开始扩大到山西、河北、陕西、四川、湖北等地。

汉末时期是李姓向各地迁移的重要阶段。陇西人李弇在前凉张轨处官至武卫将军、天水郡太守将军，他学习儒学，并让家族尊崇儒教，因此提升了家族的社会地位。之后，他的后人李暠建立了西凉政权，进而让陇右成为李氏郡望。到隋唐时期，因为李氏的快速发展，居然形成了天下大族数家姓李的局面，如陇西李氏、赵郡李氏等。其中李唐王族就出自陇西李氏。

唐朝是李姓的鼎盛时期，李氏王朝共经历了290年，有22位皇帝先后登上皇位。李姓皇族被分封到全国各地，虽然藩王没有政治权力，但却有庞大的物质保障，因此李姓人口急剧膨胀。再加上唐朝大量赐姓给功臣，如徐世勣就被赐姓为李，这样让李姓更加人丁兴旺，因而一度跃居全国最大的姓氏。

如今，李姓户籍人口数量在全国排名第二，而李姓更是四川、云南、青海等地的第一大姓。也许是族大人众的缘故，历史上的李姓名人不胜枚举。

李耳：春秋末期思想家，道家创始人，著有《道德经》。他在政治上主张无为而治。

李世民：唐朝第二位皇帝，政治家、军事家。经过玄武门之变夺取政权，之后勤政爱民、从谏如流，和群臣一起缔造了道不拾遗、夜不闭户的贞观盛世。

李白：字太白，号青莲居士。唐代著名浪漫主义诗人，在中国文学史上占有极为重要的地位。因诗风飘逸，世间罕见，被人称为"诗仙"。与杜甫齐名，世称"李杜"。代表作有《蜀道难》《行路难》《梦游天姥吟留别》《静夜思》《早发白帝城》等。

李煜：五代时南唐国主，世称"李后主"。著名词人，能诗文、音乐、书画，尤以词著名。前期作品风格清丽；后期多吟叹身世，表现浓厚的感伤情绪。代表作有《虞美人·春花秋月何时了》等。

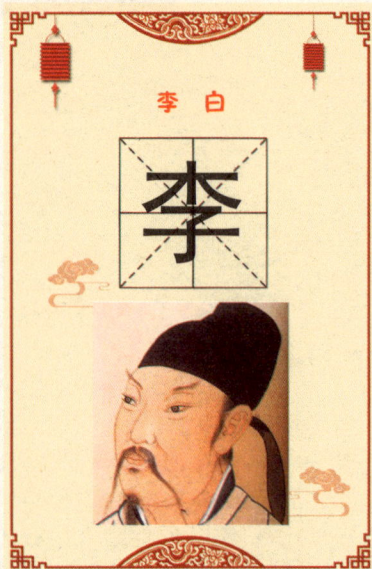

李清照：南宋女词人。她的词，前期多写其悠闲生活，后期多悲叹身世，情调感伤，有的也流露出对中原的怀念。她写词强调协律，崇尚典雅、情致，提出"词别是一家"之说，反对以作诗文之法作词。代表作有《声声慢·寻寻觅觅》《如梦令·常记溪亭日暮》。

李时珍：字东璧，号濒湖山人，明代医药学家。其经过二十七年著成《本草纲目》，还著有《濒湖脉学》《奇经八脉考》《五脏图论》等。

三、张：活跃于古代民间的大姓

在中国大姓三甲中，张姓敬陪末座。张姓先祖是谁？源流何来？在历史上
又有哪些郡望？相信不仅张姓同胞对这些问题感兴趣，其他姓氏的同胞也很想
知道张姓到底有着怎样特殊的历史机缘。

张姓是中国人口数量排名第三的大姓。

"我姓张，弓长张"，这是很多张姓同胞自我介绍的时候喜欢说的
一句话。"张"字在《说文解字》中的本义是把弦绷在弓上，将要开弓。传说
张氏祖先正是因为擅长制造弓箭而得名。

有一种说法是张姓是由姬姓转化而来的。《新唐书·宰相世系表》记载，
黄帝子少昊青阳氏的第五子挥是制作兵器的官员，他发明了弓矢，因此子孙
以张为氏。当然，这只是一种说法。《通志·氏族略》记载，春秋时晋国有大
夫解张，字张侯，其子孙后来便以字为氏，也称张氏。

除了源自姬姓，张姓中还有一部分属于少数民族改汉姓。相传三国时期
诸葛亮南征，当地部落首领龙佑那前来归附，诸葛亮封其为酋长，赐姓张。
明初，朱元璋也曾赐能征惯战的蒙古族将军伯颜帖木儿为张姓。

从张姓的发展来看，最早的部族活动于尹城青阳（今河南省濮阳市和河
北省清河县）一带。到春秋时期，张姓开始向周边外迁，先是进入到晋国的
河东地区，再以河东地区为跳板进入关中地区。

秦汉是张姓继续繁衍的重要时期，这时张姓进入了四川，再进入陇西地

区，进而遍布整个北方。真正让张姓得到大发展的还是在汉末乱世。中原地区的战乱导致百姓颠沛流离，此时出现了两位重要的张姓人士——张角和张陵。两个人以不同形式发展民间宗教，信徒遍布全国，进而让张姓扩散开来。张姓就这样成为植根于民间的一个大姓，其影响力直到清末依然非常大。

元朝时，汉族贵族权势被抑制，张姓反而借助民间势力成为全国数一数二的大姓。明朝时期，张姓发展到四十余个望族，依然是民间一股不可小觑的力量。

到了现代，根据调查统计显示，张姓已经成为中国分布最均匀的姓氏，在全国各省市都有较多的分布。

张姓在历史上有大量的名人。

张良：西汉谋臣，政治家，奠定汉朝基业的三杰之一，刘邦称他"运筹策帷帐之中，决胜于千里之外"。难能可贵的是他不恋权位，功成即告身退。

张骞：西汉大臣，外交家，奉汉武帝之命两次出使西域，建立起了汉朝与西域各国之间的联系，让彼此友好往来。

张道陵：原名张陵，东汉末年在四川鹤鸣山创立了五斗米道，信徒遍及天下，人称张天师。

张仲景：东汉医学家，医术精湛、博采众方，其所著《伤寒杂病论》为中医名典，后人尊他为"医圣"。

张旭：唐代书法家，擅长草书，其醉后的狂草逸势奇绝，被当时人称作"草圣"。

张居正：字叔大，号太岳，湖广江陵（今湖北荆州）人，明朝政治家，内阁首辅。他曾辅佐明朝万历皇帝推行"万历新政"。

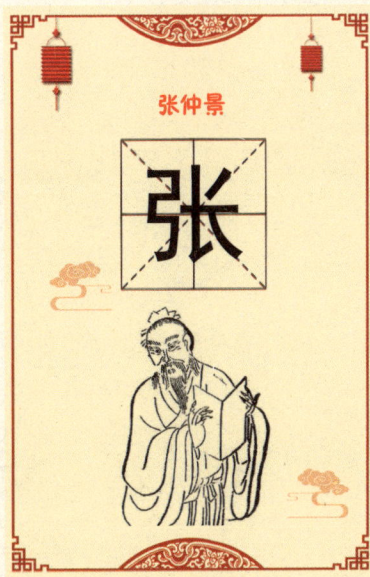

张大千：原名正权，后改名爰，四川内江人，中国画家，擅山水、花鸟、人物，重彩、水墨融为一体，工笔、写意俱佳。代表作有《爱痕湖》《长江万里图》《荷花图》《秋海棠》《五亭湖图》。

四、刘：大汉帝国的图腾

刘姓，最著名的人物莫过于汉高祖刘邦。这个缔造了大汉盛世，对中国文化影响深远的刘姓家族，他们的姓氏到底从何而来，又是怎样繁衍到今天的呢？

"人心皆背楚，天意属炎刘，剑光生烈焰，要斩项王头。"这是传说中楚汉相争的时候韩信令士兵冲着楚营呼喊的话语。这里面的炎刘指的是什么呢？

中国古代有五德相继的说法，根据这个说法，汉朝属火，所以又称"炎汉"，又因为汉朝的国姓是刘，所以也被称为"炎刘"。不过在楚汉相争的时候，刘邦还没有称帝，也谈不上五德相继，因此该诗句不过是后人的附会。但是，通过这首小诗，我们也能看出在中国人心中，刘实际上已经成了汉的代表。

在中国的皇帝名录中，刘姓的皇帝共有九十多位。所以，刘姓虽然并不在中国姓氏人数三甲之列，但却是中国值得骄傲的姓氏之一。

那么，刘姓起源何处呢？根据《史记》《汉书》《通志·氏族略》和《中国姓氏大辞典》的记载，刘姓的起源主要有三支：祁姓、姬姓、少数民族改汉姓。

首先，刘姓最早的一支源自祁姓。祁姓是帝尧的后裔，大致形成于夏朝后期，当时主要分布在中原地区。后来祁姓的一支被封到刘国（今河北省唐县），子孙便以地名为姓，改为刘氏。

其次，另一支源于姬姓的刘氏形成于春秋时期。周定王曾封刘邑（今河南偃师南）与弟弟季子，季子也就是刘康公就成了刘氏的始祖。当时的人以邑为氏，后改为刘。

此外，因为汉朝无比强大，对周边影响巨大，所以也有大量的少数民族人被赐姓为刘。比如，十六国时期汉国的开国皇帝刘渊本是匈奴人，属匈奴铁勒部，是冒顿单于的后人。其家族借口刘邦曾与冒顿单于和亲，改为刘姓。

史书记载，晋朝天下大乱，有部将劝刘渊北归草原独立称王，说不定能成就呼韩邪单于的霸业。刘渊回答说："大丈夫当为汉高、魏武，呼韩邪何足效哉！""昔汉有天下久长，恩结于民。吾，汉氏之甥，约为兄弟；兄亡弟绍，不亦可乎！"意思是，大丈夫应该学汉高祖刘邦、魏武帝曹操，呼韩邪那种人不值得一提。以前天下曾长期归属刘汉，是因为我们刘氏对百姓有恩。我是刘氏的外甥，又曾经约定做兄弟。现在汉高祖的刘氏失去了天下，由我这个刘氏来继承，难道不应该吗？

一个匈奴人，居然以汉室自居，由此可见他对刘姓的认同。

刘姓在汉朝达到顶峰，并在各地繁衍。原因很简单，汉高祖刘邦建立汉王朝后分封诸侯，从北边的幽燕到南边的荆楚，刘姓贵族遍布大江南北，各据一方，很快成为各地有权有势的大家族。因此刘姓以皇族为主脉，经历大汉四百多年的繁衍发展，人口急剧增加，成为当时的天下第一大姓。

汉末三国之际，中原的刘氏开始向东南和西南迁徙。魏晋南北朝时期，北方陷入战乱，中原刘姓与其他姓氏一样，为避战乱渡过淮河、长江，迁徙到了华南地区。唐宋时期，刘姓已遍布大江南北，俗语中说的"遍地刘"已初步形成。从宋代到今天这一千多年里，刘氏在各地开枝散叶，已经在中国实现了均匀分布的局面。在北宋的《广韵》中，刘氏郡望就有二十五个之多，刘姓开枝散叶的能力可见一斑。

刘姓名人遍布史册，有刘禹锡、刘过这样的大文豪，刘基、刘墉这样的文臣，更不用说中国历史上著名的汉武大帝刘彻了。

刘彻：汉景帝之子，继位之后发展汉朝国力，颁行推恩令，削弱割据势力；治理黄河，兴修水利，移民屯边；派张骞等出使西域，任用卫青、霍去病等将领出击匈奴，迫其远徙漠北，将汉朝推向全盛时期；其"罢黜百家，独尊儒术"的文化政策，更是影响了中华民族上千年。

刘禹锡：唐代中晚期诗人、哲学家。他在政治上主张革新，是王叔文派政治革新活动的中心人物之一。

刘墉：清代名臣，著名书法家，官至吏部尚书、体仁阁大学士。以奉公守法、清正廉洁闻名于世，深受乾隆、嘉庆两位皇帝宠信。

五、陈：广泛分布在南方的大姓

陈姓，是广泛分布于中国南方及海外的大姓，然而陈姓的发源地却在今天的河南、山西。那么，是什么让一个中原姓氏变成南方大姓？又是什么让陈姓能够发展到位居中国姓氏人口第五位的呢？

陈姓同胞的数量在中国姓氏人口中排名第五，也是在我国分布广泛的大姓。值得一提的是，在我国的台湾，陈姓是第一大姓；而在福建、湖南、广东等省份，陈姓人口也非常多。海外华人中陈姓也经常占据第一位，这是因为海外华人多以祖籍在福建、广东的同胞为主。所以，陈姓的分布说明了这是一个在南方分布广泛的传统姓氏。

陈姓的起源比较明确，主要是出自妫姓。《通志·氏族略》记载，周武王灭商建周以后分封天下，把有影响力的氏族都进行了分封，其中就有舜的后裔妫满一族。武王将他们封在陈（今河南省淮阳）这个地方，建立了陈国。传至十世孙妫完时，陈国内乱，妫完怕株连自己，出逃到齐国定居。他到了齐国不忘故国，因此便以故国名字陈为氏。

当然，妫满的子孙，除了陈完这一支主系外，还有三支。陈哀公之子妫留，避居在陈留（今河南省开封市）；陈湣公之长子陈衍避居阳武户牖（今河南省兰考县）；陈湣公次子陈全温之后陈孟琏居于固始（今河南省固始县），后逐渐发展成为陈氏望族——颍川陈氏。

那么，陈氏这样一个中原姓氏，是怎么向南方聚集的呢？根据学者考证，秦汉时期，陈姓的足迹遍布湖南、江苏、山西、山东等地。到三国两晋时期，中原氏族纷纷避居江南，这就是所谓的衣冠南渡，此时陈姓纷纷举族南迁，最远到达福建、广东，然后与当地族群通婚，逐渐在当地形成了庞大的势力。南北朝末期，陈姓更是成为福建地区第一大姓，在南朝举足轻重。南北朝时期南朝最后一个朝代是陈国，陈霸先立国后以姓为国号。陈国虽然享国时短，但却分封了大量的同姓诸侯，陈姓因此遍布闽江、珠江流域。

唐宋繁荣时期，陈姓完成了从侨居到本土化的过程，在南方彻底站稳了脚跟，成为东南地区举足轻重的大姓。随着郑成功收复台湾，大量福建陈姓居民又迁入台湾。如今陈姓成了台湾地区第一大姓。

史书上，陈姓名人有很多，如秦末农民起义军领袖陈胜，西汉名相陈平，南朝陈武帝陈霸先，取经天竺的玄奘法师，帮助郑成功收复台湾的陈永华，近代爱国华侨领袖陈嘉庚，数学家陈景润，历史学家陈寅恪，等等。

陈胜：秦朝末年农民起义军的首领之一，与吴广一同在大泽乡（今属安徽宿州）率众起兵，成为反秦义军的先驱；不久后称王，建立张楚政权。

玄奘：俗名陈祎，唐代高僧，历史上著名的玄奘法师。他是汉传佛教史上最伟大的佛经翻译家之一，中国佛教唯识宗创始人之一。

陈嘉庚：近代著名爱国华侨领袖，实业家，厦门大学的创办者。他支持抗日，反对内战，为祖国的解放和统一呕心沥血，深受祖国人民的爱戴。

陈寅恪：中国现代历史学家、古典文学研究家、语言学家，被誉为百年难见的人物。曾任教于清华大学、西南联大、中山大学等高校，对中国现代史学的发展有突出的贡献。

六、杨：隋朝的第一大姓

就像隋朝虽然历史短暂，却影响深远一样，杨姓虽然在历史上只出现了寥寥几位皇帝，但在关键的历史事件中，我们总是能够看到杨姓同胞的身影。那么，杨姓是怎么来的？为什么杨姓能出那么多影响深远的历史人物呢？

提到杨姓，你首先会想到谁？是戏剧里为了避难将杨姓拆成木易的杨六郎？还是和唐玄宗留下了千古佳话的杨贵妃？或者是建立了隋朝的杨坚？

作为古代大姓，杨姓的历史源流非常清晰。杨姓源自姬姓，其始祖是周宣王的儿子尚父。尚父年长之后被封到杨地（今山西洪洞县东南），建立杨国。春秋时期，杨国被晋国吞并，杨国后人便以杨为姓。

而值得一提的是，在晋灭杨国之后，杨国故地又被晋平公封给了大夫羊舌肸作为采邑。后来，羊舌氏在晋国的内斗中失败，被迫举族逃亡，最后定居在弘农华阴（今属陕西），并在此处繁衍生息，逐渐成为弘农大族。到了汉朝，弘农杨氏已经成为天下闻名的郡望。而建立隋朝的杨氏家族，就出自弘农杨氏，但他们又融合了少数民族的血统。

据记载，北魏鲜卑政权时期有勋贵八姓，其中尉迟一族影响力尤大。在隋文帝杨坚建功立业的过程中，多有尉迟家族出力，因此在隋文帝登基之后，一部分尉迟家族的人就被他赐姓杨。而这也反映了杨氏的第二个来源——周边少数民族改汉姓。

　　杨姓作为一个源流清晰、一脉相承的大姓，其最重要的聚集地就是古代的弘农郡，也就是现在的河南、陕西地区。秦汉时期，杨姓一直在此地繁衍生息。到了隋唐时期，杨姓家族势力异常强大，此时杨姓开始逐渐扩散到中原其他地区，由此形成了今天杨姓在全国都有分布的局面。

　　杨姓的历史人物众多，既有东汉大儒杨震、千古明君隋文帝杨坚，又有古代四大美人之一的杨玉环，以及明代著名文臣杨一清、杨廷和。

　　杨震：字伯起，弘农华阴人，东汉时期名臣。他通晓经籍、博览群书，有"关西孔子杨伯起"之称。

　　杨坚：小名那罗延，弘农华阴人，隋朝开国皇帝。他登基之后，励精图治，减轻人民负担，促进农业生产，为隋唐盛世奠定了基础。

　　杨廷和：字介夫，号石斋，四川新都（今成都市新都区）人，明朝中期著名政治改革家。

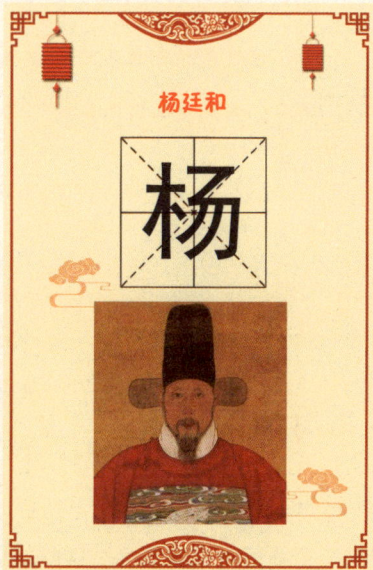

七、黄：起源于上古的大姓

黄姓是颜色姓氏中人口数量最多的一个，但黄姓的起源却与黄色无关。那么，黄姓是从何而来的？黄姓先祖又为何选择了这样一个与颜色相关的姓氏呢？

黄帝有二十五子，其子孙颛顼、喾等后来都成了华夏的首领，中国很多姓氏都和黄帝有一定的渊源。那么，黄姓和黄帝究竟有没有族系关系呢？

关于黄姓的来源有三种说法：

首先，来源于嬴姓的黄姓，和大部分姓的来源一样，是由国名而来。舜在位时，由于伯益治水有功，被舜赐嬴姓。其后裔于商末周初在今河南南部建立黄国。在春秋争霸时，楚国雄霸南方，黄国被楚国兼并，黄国子孙为了纪念黄国便以黄为姓。

据史料记载，伯益的祖父为少昊的曾孙，而少昊又是黄帝的长子，也就是说黄姓之人与黄帝存在着族系关系。

其次，黄姓来源于伏羲设置的官职中官黄龙师。黄龙师的后世子孙就有以祖先官职为姓氏的，后来逐渐简化为黄姓。

再次，因改姓而来的黄姓。其来源不止一个，有因为黄、王发音相似而把王姓改为黄姓的，还有少数民族因避祸改姓黄的，例如，清末一些北京附近的满族贵族就有改姓黄的。

由黄姓的起源，我们可以看到，黄姓最初分布于河南南部，也就是中原地区。而现在居于我国姓氏人口排行第七位的黄姓，其人口主要分布于广东、四川、湖南、广西、江西、湖北、福建、江苏等南方地区。那么，在五千年的历史长河中，黄姓经历了怎样的发展和迁移呢？

在春秋战国时期，分布于河南地区的黄姓，由于国家被楚国所灭，少部分开始迁移至河南北部，大部分人则进入到湖北北部的楚国生存。

秦汉时期，黄姓大批移居到两湖地区，形成了江陵（今湖北省荆州市）、江夏（今湖北省武汉市江夏区）两大著名黄氏郡望。自此，黄姓开始了以江南为基地的发展，后来开始向四周扩散至陕西、四川、湖南和江西。到东晋时，黄姓开始进入福建，在当地繁衍生息。

黄庭坚

隋唐时期，黄姓继续向南发展，一支进入浙江，形成了金华黄氏郡望；一支到达安徽、江西、福建，形成邵武黄氏郡望；还有一部分进入岭南，成为当地的大姓。现在在越南享有人数优势的黄姓，很大程度上也受到了岭南黄姓的影响。

由于南方政治较稳定，与其他分布于北方的姓氏相比，黄姓受战乱的伤害较轻。宋元明时期，在南方发展稳定的黄姓繁衍最盛，最终形成了今天的南方大姓。

黄姓人口如此之多，在历史上也是名人辈出，比较著名的有东汉时的黄香，三国时期的黄盖、黄忠，唐朝的黄巢，宋代的黄庭坚，等等。

黄香：字文强，江夏安陆（今湖北云梦）人，东汉官员、孝子。大多数人听说这个名字是在《三字经》中。黄香从小孝顺父母，凭借"扇枕温衾"

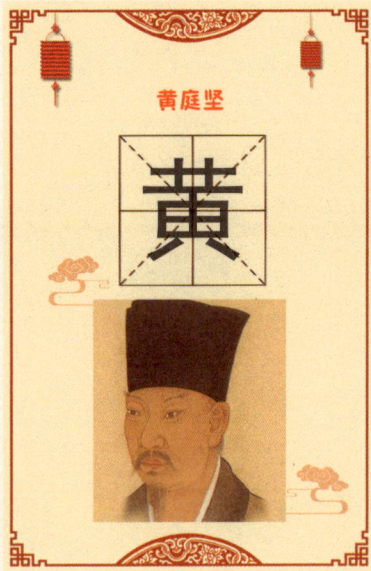

的孝行载入史册。他德才兼备，被誉为"天下无双，江夏黄童"。

黄盖：零陵泉陵（今湖南省永州市零陵区）人，东汉末年名将。他骁勇善战，善于训练士兵，屡立战功。

黄巢：曹州冤句（今山东曹县西北）人，唐朝末年农民起义领袖。

黄庭坚：字鲁直，号山谷道人，洪州分宁（今江西修水）人，北宋文学家、书法家，与苏轼齐名，世称"苏黄"。

八、赵：遍及天下的两宋国姓

赵之所以排在《百家姓》中的第一位，并不是因为人数多，而是《百家姓》成书于宋朝，宋朝的皇帝姓赵。时至今日，赵姓虽然没有排在中国姓氏人口的第一位，但是说起影响力，赵姓可是一点儿也不比排在它前面的几大姓氏差。

"**赵**钱孙李，周吴郑王……"在我们耳熟能详的《百家姓》中，赵姓是排在第一位的，然而这也给很多人一个错觉，认为赵姓的人口最多。实际上并不是这样，赵姓人口虽多，但它目前在我国姓氏人口中仅排第八位。那么，为什么《百家姓》编排时却将赵姓放在第一的位置呢？众所周知，《百家姓》是宋代编著的，在宋代赵姓是国姓，这样赵姓被排在《百家姓》的首位也就不足为奇了。

赵姓不仅是宋代国姓，还是战国七雄之一赵国的国姓。同时，秦末的南越国也是赵姓之人建立的。那么，如此名人辈出的大姓，起源于何处呢？赵姓的源头有三个，分别出自嬴姓、赐姓和外族改姓。

首先，赵姓的主要来源是嬴姓。和黄姓一样，赵姓的祖先也是伯益。周穆王时，伯益的子孙造父在华山得到了八匹上好的千里马，调教后献给了周穆王。周穆王为这些马配好马车，便驾着马车巡视四方。一天，他来到昆仑山，在那里见到了西王母。正乐而忘返时，徐偃王造反了。心急如焚的周穆王叫来造父为其驾车。造父日行千里，让周穆王及时赶回都城，平定了叛乱。造父立下大功，周穆王便将赵城（今山西洪洞县北）赐给了造父。造父的后世子孙便以封邑为姓氏。

春秋时期，赵氏家族曾为晋国的卿大夫，后会同韩氏和魏氏瓜分了晋国。赵国励精图治，一跃成为战国时期的大国。赵姓也因此在北方繁衍生息，成为当地的大姓。

其次，宋朝延续几百年，赵姓皇族不仅繁衍了大量子嗣，宋朝皇帝更将国姓赏赐给有功之臣，使得一些原本与赵姓无关的家族也姓了赵。如北宋时期的李继捧和李继迁，便先后被赐名为赵宝忠和赵宝吉。

再次，历史上的很多少数民族在改汉姓时选择姓赵。如匈奴人、女真人、党项人、鲜卑人等民族在汉化的过程中，其统治家族就有大量改姓赵的。成吉思汗的三弟合赤温的后裔在甘肃、陕西繁衍生息，后来逐渐汉化便改姓了赵。

由赵姓的源头我们可以看到，赵姓最早的发源地是赵城，也就是今天的山西洪洞。而在我国北方也一直流传着这样一种说法——张王李赵遍地刘，可见赵姓在我国北方人口之多、分布之广。目前我国赵姓人口主要分布于北方地区。那么，赵姓是否一直都在北方发展？其经历了哪些变迁呢？

因为历史上有赵国的存在，赵姓一直是河北地区不可忽视的大姓。秦国统一时，赵姓已经分布于山西、河北、河南、山东等地。秦始皇灭赵国后，赵王室一支被发配到甘肃，这才有了后来天水赵氏的郡望；一支被发配到湖北，也在该地形成了族群，生息繁衍。

魏晋南北朝时，陕西赵氏的一支迁居江南，后又迁移至福建、广州等地。宋代是赵姓的天下，其范围分布在中国各地。明代时，山西洪洞大槐树人口大迁移，赵姓更是主要的外迁大姓，被分迁至河北、河南、浙江、福建、广东、四川等地。清朝末年，闯关东之风流行，赵姓人口也随中原人迁移到关外。如今，赵姓人口主要分布在山东、河南、河北、黑龙江、江苏等地。

赵姓作为历史有名的大姓，可谓人才辈出。比如，赵武灵王提倡胡服骑射的军事改革，至今还被人们所称道；赵姓还是南越国的国姓，南越武王赵佗被毛泽东称为"南下干部第一人"；赵匡胤更是一举建立了享誉世界的宋朝。除了历史上的赵姓帝王，还有很多名家、名将，如赵武、赵奢，以及著名的书法家赵孟頫、文学家赵翼……

赵武：春秋时期著名的政治家，后人尊称他为"赵孟"，电影《赵氏孤儿》即以他为原型。

赵匡胤：宋朝开国皇帝，著名军事家、政治家。赵匡胤在陈桥发动了兵变，建立了宋朝。他是唐末五代十国混战局面的终结者。

赵孟頫：字子昂，号松雪道人，湖州（今属浙江）人，元代著名书法家、画家、诗人。他在书法史上占有重要地位，是楷书四大家（欧阳询、颜真卿、柳公权、赵孟頫）之一。

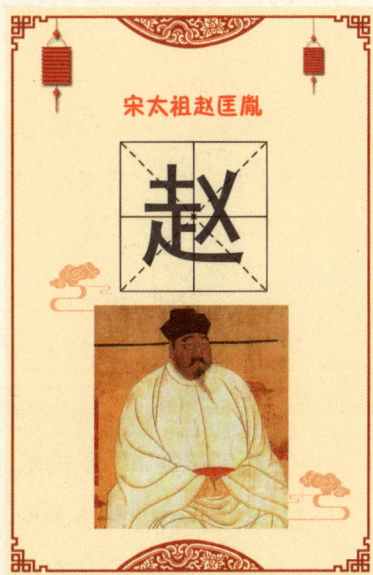

宋太祖赵匡胤

赵

九、吴：遍布全球的大姓

"我姓吴，口天吴"，吴姓同胞介绍自己的时候经常用这样的开场白。我们都知道中国古代有吴地、吴国，吴地就是现在非常发达的江浙沪地区。那么，吴姓的起源与发展是否与吴地相关呢？我们马上揭晓这个问题的答案。

说到吴姓，我们的脑海里会自动出现吴地。因为吴地实在是太出名了，无论是春秋时期的吴越之战，还是三国鼎立时期的魏、蜀、吴都广为人知。中国古代有以国名为姓的，那么历史上的吴国与吴姓是否存在一定关系呢？

可以说，吴姓和吴国确实有一定的联系，但吴姓也并非完全出于吴国。据传，上古时期炎黄部落有一个以驺虞（一种义兽）为图腾的小部族，因为那时"虞"和"吴"同音，人们便把吴作为部落的名字。

吴姓能够考据的来源，是出自周部落。商朝时期，亶父为周族部落的首领，他有三个儿子，太伯、仲雍和季历。季历的儿子姬昌很有才能，亶父想立姬昌为继承人便要先传位给季历，于是太伯和仲雍便远走他乡让位于季历，他们在南方的吴越一带建立了吴国。

吴国国君太伯死后，传位于弟弟仲雍。三代后，其后人周章为吴王。那时姬昌的儿子周武王姬发已经灭商建立了周国，他大封诸侯，派人寻找太伯和仲雍的后人。当时周章已经当上国君，因此顺理成章地被周王封为吴国国君。周武王又追封了太伯和仲雍。吴氏后人皆称太伯为吴姓始祖，称仲雍为传代血缘始祖。春秋时期，吴国崛起，后被越国所灭，吴国的遗民就以国为姓。由此可知，吴姓的确源自历史上早期的吴国。

不过，除了源自吴国，还有一些吴姓来自少数民族的借姓和改姓。少数民族在与汉族相互融合的发展过程中，改原有的少数民族姓氏为汉姓。清朝时实行改土归流政策，有大批苗民借用吴姓进行户口登记。

综上所述，吴姓来源广泛，发源地较多，这也许是吴姓广泛分布于全国各地的原因。吴姓不仅在我国各地都有广泛的分布，同时还分布于朝鲜、越南、缅甸等国。那么，吴姓为什么能扩散得如此广呢？

古代吴国的位置是现在江苏无锡一带，后来国势日趋强大，国境一直延伸到浙江一带。同时，吴姓向山东、河南、安徽等地迁移。秦汉时，吴姓开始迁居湖南、江西、贵州、广东等地。魏晋至隋唐的七百多年间，北方人民大量南迁，本来就是南方姓氏的吴氏宗族也跟随潮流向更南的地方迁徙。宋朝时，吴姓族人已经遍布中国各地。明清时期，广东、福建沿海的吴姓族人迁移至台湾的人数逐渐增多。如今，吴姓人口主要分布在广西、江苏、贵州、广东、福建五省，这五省的吴姓人口大约占吴姓总人口的三分之一。

历史上的吴姓虽然没有出过青史留名的帝王，却有不少名臣将相，以及文学家、艺术家。

吴起：战国时期的军事家，一生历仕鲁、魏、楚三国，和孙武并称"孙吴"。

吴广：秦末农民起义领袖。字叔，阳夏（今河南太康）人，出身农民。

秦二世元年（前 209），他与陈胜揭竿起义，建立张楚政权。

　　吴道子：唐代著名画家，被后人奉为"画圣"。他的画线条遒劲雄放，变化丰富。他精于佛、道人物画像，擅长画壁画，代表作有《送子天王图》《地狱变相图》等。

十、周：历史悠久的大姓

说到周姓，很多人可能会想到周朝，但周王朝的国姓并不是周而是姬。那时候姬姓之人众多，但几千年后的今天，姬姓同胞的数量毫无疑问已经远远不及周姓同胞了。那么，周这个姓是怎么来的？它是否与姬姓有关？它又是怎么一步步发展到今天的呢？

说到周姓，根据历史上很多人以国为姓的规律，我们不禁想到了周朝。周朝的始祖为周文王姬昌，后来周武王姬发推翻商朝统治，建立周朝。如果这是周姓的一个来源，那么还有比之更早的周姓始祖吗？周姓究竟起源于何处呢？

周姓的源头主要有三个，源自周昌、姬姓和少数民族。

首先，周昌被人们视为最早的周姓来源。这可以追溯到黄帝时期，那时已经有了周部落，黄帝的臣子周昌就属周部落。据《姓氏考略》记载，周昌就是周姓的始祖。

其次，姬姓被认为是周姓的主要来源，其始祖也就是历史上的周文王姬昌。姬昌是黄帝的后裔，姬姓。其子灭商后分封了多个诸侯国，其中以姬姓为主。这些姬姓诸侯国的子孙，后来多以国名、地名为姓。周朝灭之后，一些周朝的后裔为了纪念故国，就以周为姓。

再次，周姓还来源于少数民族改姓。据《魏书》记载，南北朝时北魏献文帝曾把其族人拓跋氏改为周姓。唐朝时也有不少少数民族改姓周的记载。

　　由上述周姓来源可知，周姓早期多分布于周朝都城（今陕西省西安市和河南省洛阳市）附近。如今周姓分布在长江流域和淮河流域，主要集中于湖南、四川、江苏、湖北四省，其中湖南周姓人口占总周姓人口的10%，为周姓第一大省。可见，周姓从早期的北方一直在向南方迁移。那么周姓在漫长的历史长河中，经历了怎样的发展呢？

　　在秦朝之前，周姓主要生活在中国北方地区，以河南、陕西为两大中心。到了秦朝时，周姓迁徙到今河南南部、江苏北部等地，并在当地形成望族。汉朝时，河南、山东一带，是中国周姓人口最多的地区。

　　魏晋南北朝时，因北方常年战乱，出现了第一次民族大迁徙，周姓族人随着中原的士族大举南迁。

　　隋唐时期，周姓南迁，主要迁往福建、浙江、广东。北宋末年和南宋末年，受战乱影响，山东、河南一带周姓南迁，并定居于福建、浙江、广东。

　　元末明初，江西吉安府（今江西省中部）周姓移民湖南邵阳地区。到了清朝，周姓比较集中的省份是江苏、浙江、广东、湖南、湖北、江西、福建等。台湾地区的周姓集中在台南、台北两地。大陆周姓移居海外，始于鸦片战争以后的晚清时期。

　　如今，周姓为全国第十大姓。在《中国人名大辞典》中收录了历代周姓名人七百零八位，不仅有功臣将相，还有著名的文学家、医学家、美术家等。

　　周瑜：字公瑾，东吴名将，庐江舒县（今安徽庐江西南）人。他曾联合刘备在赤壁之战中大败曹军。其相貌俊美，志向远大，精通音律，范成大誉

周树人

周

之为"世间豪杰英雄士，江左风流美丈夫"。

周昉：字景玄，京兆（今陕西西安）人，唐代著名画家，以画肖像、佛像著称，尤擅画贵族妇女，代表作有《簪花仕女图》《挥扇仕女图》等。

周敦颐：北宋著名哲学家，儒家理学的开山鼻祖，程颢、程颐都曾向他求学。与此同时，周敦颐还是一名杰出的文学家，留下了千古名篇《爱莲说》。

鲁迅：原名周樟寿，后改为周树人，浙江绍兴人，著名的思想家、文学家，新文化运动的重要参与者，中国现代文学奠基人之一。

十一、徐：渊源深远的大姓

古代有徐县，今天有徐州，徐作为地名在中国历史上出现的频率一直非常高。那么，徐作为姓氏是否与地名有关？如果有关，它又是怎么从地名演化为姓氏的呢？

公安部户政管理研究中心发布的《二〇二〇年全国姓名报告》显示，徐姓同胞数量在中国姓氏人口中排第十一位。从人数上看，徐姓虽然没法和王、李、张这些大姓相比，但从历史起源上看，徐姓却是大姓之中的翘楚。

据史料记载，徐姓的起源要追溯到伯益的子孙。伯益的儿子若木因功被封在徐地，因此建立徐国。徐国作为诸侯国经历了夏商周三代，在周穆王时，徐国越发强大，国君徐偃王竟率九夷与周对抗，结果兵败。徐偃王为了使百姓免遭祸乱，逃到了山中，后来其子孙又兴复了徐国。春秋时期，周室衰微，徐国也被吴国吞并，徐国后裔因此便以徐为姓。

除了这个来源，徐姓还有其他的来源，最主要的就是改姓。例如，北魏时居住在贺兰山地区和河西走廊的氏族，在汉化过程中改姓徐；元明时期，有很多蒙古族人改姓徐，如蒙古大姓苏密尔氏就曾在明朝时改姓徐。

在先秦时期，徐姓基本分布在徐国。据史料记载，徐国最早在今江苏泗洪南，国力鼎盛时期疆域曾扩张到江苏西北部、安徽东北部、山东南部等地区。据统计，目前徐姓主要集中于江苏、山东、浙江、安徽四省，其人口约占全国徐姓总人口的三分之一。此外，徐姓还分布于河南、四川、江西、湖北四地。由此可见，徐姓多分布于长江流域和鲁豫地区。那么，徐姓又经历了怎样的发展和演变呢？

先秦时期，徐姓主要分布于安徽、江苏、山东等地。春秋时期，徐姓人避居于河南、山东，并在山东繁衍昌盛起来，由此山东形成了多处徐姓郡望。秦汉时期，徐姓已经迁至中国北方大部分地区，同时开始南迁至江西、浙江等地。魏晋时期，徐姓开始大规模南迁。宋朝时，徐姓已经迁至福建等地。元朝时，徐姓在广东等地繁衍。明清时，徐姓已经分布于中国的大江南北。

可以说，我国大部分姓氏都经历了从北到南的散播分布，这与历史上北方战乱频繁有着不可分割的关系，徐姓也不例外。在历史上，徐姓名人众多，尤其在人文和艺术领域最为突出。

徐干：字伟长，北海剧县（今山东潍坊西南）人，官至五官中郎将文学掾，东汉末哲学家、文学家，"建安七子"之一。善辞赋，能诗，代表作有《中论》。其开创了汉魏名理之学的先河。

徐达：明朝开国功臣，出身农民，却是天才级的统帅。他帮助朱元璋打败了陈友谅等势力，最后攻入大都，推翻了元朝的统治，为建立大明王朝立下了不世之功。

徐霞客：南直隶江阴（今属江苏）人，明代杰出的地理学家和文学家。后人据其日记整理成富有地理学价值和文学价值的《徐霞客游记》。

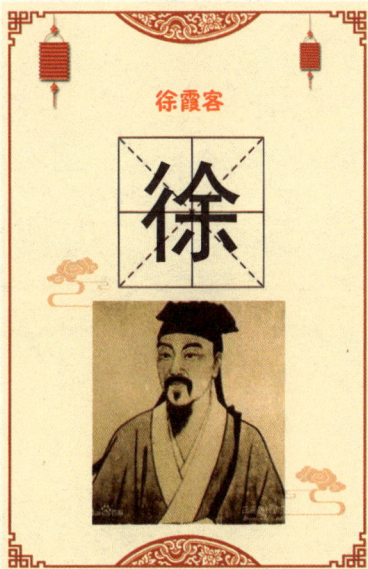

徐悲鸿：原名徐寿康，江苏宜兴人，著名画家、美术教育家。代表作有
《愚公移山》《奔马》《负伤之狮》《田横五百士》等。

徐志摩：原名章垿，字槱森，后改名志摩，浙江海宁人，"新月派"代表
诗人。著有诗集《志摩的诗》《翡冷翠的一夜》，散文集《落叶》《秋》等。

十二、孙：起源久远的东吴国姓

在宋代，孙姓是一个影响力颇大的姓氏。近代著名的革命导师孙中山，更是让孙姓享誉四海。那么，孙姓是从何而来，又是怎样传承的呢？下面就让我们来揭晓这个答案。

说到孙姓，你最先想到的会是谁？是大名鼎鼎的东吴君主孙权，还是中国民主革命先驱孙中山？公安部户政管理研究中心发布的《二〇二〇年全国姓名报告》显示，孙姓在我国姓氏人口中排名第十二位。

孙姓不仅在我们的生活中比较常见，在《百家姓》中排名也非常靠前，排在第三位。我们都知道赵姓在《百家姓》中排名第一，是因为宋代时赵为国姓。那么孙姓被排在其他更常见的姓氏前面的原因又是什么呢？

《百家姓》诞生于宋朝的吴越地区。当时宋朝才刚刚统一，吴越国的君主为了百姓免受战争之苦直接投降了宋朝。当时吴越国的君主就姓钱，当地的百姓很感激他，于是百家姓的作者便将他的姓排在了第二的位置。吴越国君主的正妃姓孙，因此孙便顺理成章地排在了钱的后面。

那么，有着诸多名人和历史故事的孙姓，其姓氏来源于何处呢？据考证，孙姓的源流较多，主要由子姓、姬姓、妫姓、芈姓、荀姓等多个上古姓氏发展演变而来。

首先，孙姓的其中一支源于子姓。商纣王的叔父比干是一位贤臣，由于直言劝谏商纣王而被处死，他子孙中的一支怕受到株连，便改姓孙。

其次，孙姓还来源于姬姓。周公旦被封于卫，其八世孙姬和因灭西戎有功，被周平王赐予公爵，史称"卫武公"。卫武公的曾孙武仲乙将祖父惠孙的孙字作为氏，并改名为孙乙，他的后代便以孙为姓。

再次，帝王赐姓。春秋时期，因田书立下大功，被齐景公赐姓孙。同样是在春秋时期，楚国令尹孙叔敖，字孙叔，是一代贤相，其后人为纪念他，就以他字中的"孙"为姓氏。楚国王族姓芈，因此这一支孙姓应该是芈族改姓。

由于来源众多，所以早期孙姓在我国地域上的分布也较广。先秦时期，孙姓最活跃的地区是今天的河南和山东。秦汉时期，孙姓也和其他姓氏一样经历了由北向南的迁徙。孙姓西进山西太原，南达浙江南部，西南到达湖北。

东汉末年军阀混战，后孙坚父子在江南建立了吴国，孙氏的发展达到了顶峰。魏晋南北朝时，北方、中原和江南的孙氏都得到了迅速发展，出现了一批孙氏名门望族。到宋朝时，孙姓广布于长江南北。到明朝时，浙江成为孙姓第一大省。孙姓名人甚多，其中有能臣武将，也有文学家、医学家等。

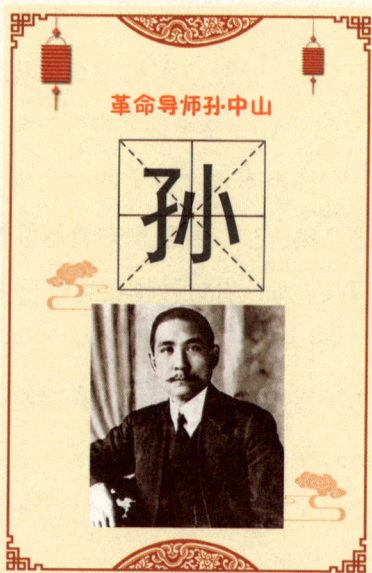

革命导师孙·中山

孙武：字长卿，齐国乐安（今山东惠民）人，春秋时期著名的军事家、政治家，被誉为"百世兵家之师""东方兵学的鼻祖"。

孙膑：战国时期军事家。他是孙武的后代，被齐威王任命为齐国的军师。在齐、魏争雄的桂陵之战、马陵之战中，孙膑连续两次击败魏军，使齐国成为强国。

孙权：字仲谋，吴郡富春（今浙江杭州市富春区）人，三国时期吴的开国皇帝。他继承了父亲孙坚和兄长孙策打下的江东基业，将江东势力发展壮大，曾在赤壁大破曹操，在夷陵大败刘备。

孙思邈：京兆华原（今陕西铜州市耀州区）人，唐代医学家，被后人称为"药王"。

孙中山：广东香山（今中山）人，中国近代民主主义革命的伟大先驱。他领导了辛亥革命，成功推翻了统治中国数千年的封建帝制。

十三、马：源自先秦的汉回大姓

在中华姓氏中，马姓是一个特殊的姓氏，它以动物为姓，但起源却与马这
种在古代占有重要地位的动物无关。马姓传承到宋明时期，因为特殊的机缘，
吸收了大量的新鲜血液。那么马姓又有着怎样的故事呢？

马到成功、龙马精神、万马奔腾、一马当先……说起马字，汉语中
与之相关的成语数不胜数，并且大多数都是褒义词。那么，当这
个字用在姓氏中，又会怎么样呢？古代以马为姓的名人有马融、马援、马良、
马超等，这些人不是大学者，就是大将军。由此看来，马姓家族真的是人才
辈出。

马姓出自嬴姓，是颛顼裔孙伯益之后。伯益因辅佐大禹治水有功，帝舜
赐他姓嬴。伯益的九世孙造父，被封在赵城，称赵氏，其后裔建立赵国。战
国时期赵国的大将赵奢能文能武，善于用兵，后因抗秦军有功，被赵惠文王
封在马服，赵奢因此被称为马服君。赵奢的子孙初以"马服"为姓，后来省
去"服"字，形成马氏。

进入秦汉时期，马姓不断发展，家族逐渐兴旺，最终使扶风（今属陕西）
成为马氏的发展繁衍中心，并在汉末形成了有名的扶风马氏郡望，其后代就
有三国时期著名的将军马超等。南北朝时期，除了扶风茂陵的马姓望族，马
姓还广泛分布于河南、河北、山东、湖北、四川、甘肃、江苏、浙江等省的
一些地方。与此同时，马姓宗族西迁到了西北地区，使得西北也形成了强大

的马姓宗族势力。

唐朝末年，马姓继续迁移，到达福建一带，后发展成为大族。其中马殷应募从军，逐步扩展势力，至后梁时被封为楚王，建立楚国。建立楚国之后，马殷将子孙数十人分封在闽粤的许多地方，因此形成了南方马姓遍地开花的局面。

马姓的另一大来源是回族同胞。因特殊的历史原因，回族同胞以马、赛、撒、白等姓氏为大姓，而马姓人数尤其众多，在历史的某一时期更出现了所谓"十回九马"的说法。而这一部分马姓同胞，也和其他回族同胞一样，以北方为中心逐渐扩散到全国，并在西北、中原地区产生巨大的影响力。

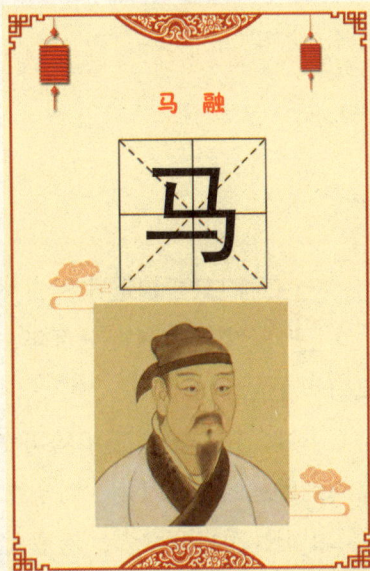

历史上的马姓名人众多，除了名臣名将，还有著名的历史学家、文学家、医学家、美术家等。

马融：东汉人，经学家、文学家，其对古代经典研究非常深，生徒常有千余人。

马超：字孟起，汉末西北军阀马腾之子，三国名将。

马致远：元代著名的杂剧家、散曲作家，"元曲四大家"之一。他一生写下了大量的散曲和杂剧，其作品大都清丽高雅，意境高远，讲述王昭君故事的《汉宫秋》为其代表作。

十四、朱：创建两个王朝的大姓

说到朱姓必然让人想到统治中国近三百年的大明王朝，然而朱姓的起源却可以一直追溯到上古时期。那么，朱姓又有着怎样的起源故事呢？

我们只要提起朱姓自然而然就会联想到明朝开国皇帝朱元璋。明朝统治中国近三百年，朱姓人口也因为大明王朝而迅速增加，一跃成为华夏大姓。

不过，在中华几千年的历史长河中，明朝还是短暂的，朱姓的源头可以追溯到遥远的先秦时期。而朱姓的历史人物，也绝非只有明朝的皇帝。

中国姓氏根源众多，越是大姓，越是有多个源头，呈现出汇百流而成大川的景象。朱姓的源流众多，其中的一支便源于曹氏，为颛顼帝的后裔。

相传颛顼帝的后裔陆终有六子，其中一个儿子名安。安因协助禹治水有功被封为曹官，后代便以官为姓。周朝时，周武王灭商封曹安的后裔于邾国。战国时，邾国被楚所灭，其国君的子孙便将邾去掉耳旁改姓朱，朱姓的一支就这样形成了。

朱姓的另一支起源是朱襄氏。传说朱襄氏是伏羲的诸侯，因功被封于朱（今河南省商丘市），并以蛛为图腾，后来他的后代便以朱为姓氏。这一支朱姓后裔在先秦时期名人众多，如西周隐士朱张等。

朱姓还有源于子姓，以先祖名字为氏的。西周初期，周成王封商纣王的兄长微子于商丘，建立宋国，以奉商祀。战国后期，齐国灭宋。居住在安徽砀山的公子朱的后代为避祸就以先祖的名字为氏，称朱氏。

除此之外，朱姓还源于改姓。南北朝时期的北魏孝文帝推行大规模的汉化改革，将一些北方少数民族的复姓改为汉姓，其中尔朱氏的一支就改了朱氏。

从朱姓的起源来看，朱姓在早期主要分布于河南商丘及山东一带。那么，朱姓在几千年的历史中是如何发展的呢？

据记载，西周时部分邾人开始南迁至今天的江淮地区。到战国时期，楚国灭邾国，又迁大量邾人到楚地。因此到秦汉时期，朱姓已遍布中原和华东地区。

魏晋时期，朱姓继续南迁，但主要繁衍地仍在河南、山东、安徽等淮河及长江下游大部分地区。唐朝时，朱姓已出现在广东。明朝是朱姓的鼎盛时期，朱姓迅速地向全国发展，居住在福建、广东等沿海地区的朱氏，陆续有人移居我国台湾以及海外。

明太祖朱元璋

朱

在历史上，朱姓曾建立过两个王朝——五代十国的后梁和大明王朝，这使得朱姓在历史上留下了很多帝王故事。除了帝王，朱姓中最出名的莫过于大学者朱熹。

朱温：后梁太祖，五代梁王朝的建立者。公元907年，朱温代唐称帝，后被其子朱友珪所杀。

朱熹：宋朝思想家、哲学家、教育家，儒学集大成者，被后世尊称为"朱子"。朱熹的理学思想对元、明、清三朝影响很大，成为三朝的官方哲学。在东亚、东南亚地区，朱子学也很受重视。

朱元璋：濠州钟离（今安徽省凤阳东北）人，明朝开国皇帝。元末参加郭子兴领导的红巾军起义，后率部下北伐中原，结束元朝在中原的统治。他建立明朝，最终统一中国。

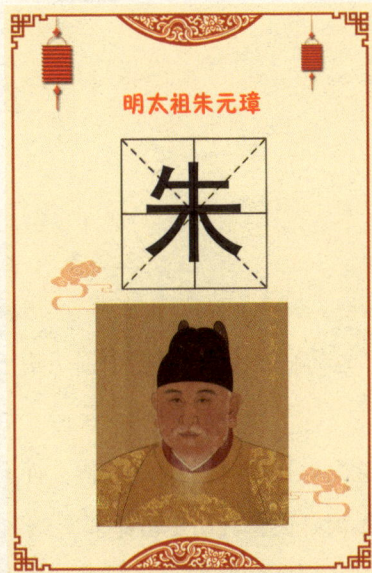

十五、胡：从谥号、国名而来的姓

胡姓是中华最古老的姓氏之一，但在历史上，胡这个字却又被长期用来代指周边的少数民族。由此可见，胡姓繁衍到今天，必然有一个起源古老、旁系杂糅的复杂故事。

胡这个字在中国历史上，尤其是早期史书中出现时，往往是在代指周边的少数民族，如春秋时期的东胡、汉唐的北方胡人。为什么这个姓氏能够发展到现代，而且还拥有超过一千六百万的人口呢？其实，胡作为姓氏，其历史可是非常悠久的。

胡姓的起源，最早可以追溯到妫姓。妫是谁的标志呢？那就是舜。舜的后裔妫满死后谥号胡公，因此又称胡公满，此后便有子孙以胡为氏。结合陈姓的起源可以看出这一支的胡姓其实和陈姓中的一支同源。

胡姓的另外两个起源也非常古老，分别是周朝分封的姬姓胡国和归姓胡国。这两个胡国虽然都是小国，但因为繁衍数百年，因此人口也非常多。当这两个国家先后被其他诸侯国灭亡之后，他们的后人便以国为姓氏，胡姓也因此成为中原地区举足轻重的大姓。

值得一提的是，虽然周边一些少数民族一直被中原王朝称为胡人，但在他们汉化的过程中，改姓胡的例子却较少，只有北魏和唐朝时有少数民族改姓胡。由此可见，胡姓依然是一个以上古时期的中华古姓为主体的姓氏。

胡姓人口众多，但分布相对分散，湖北、湖南、四川、浙江、安徽五省的胡姓大约占胡姓总人口的 41%。贵州、云南、江西、江苏、河南、重庆、山东七省市的胡姓则大约占胡姓人口的 35%。从这个数据上看，胡姓似乎在长江流域分布范围较大。

胡姓历史人物众多，其中比较著名的有汉代大臣胡广、宋元之际史学家胡三省、明代宰相胡惟庸、清代巨富胡雪岩等。

胡惟庸：明朝开国功臣，官至丞相，他也是中国历史上最后一位丞相。胡惟庸开国有功，成为丞相后更是位高权重，最后被朱元璋诛杀。

胡雪岩：清朝晚期著名的商人巨富。他身跨政商两界，长袖善舞，经营有道，迅速积累了大量财富。他协助左宗棠兴办船政、收复新疆失地，为祖国统一做出了巨大贡献。

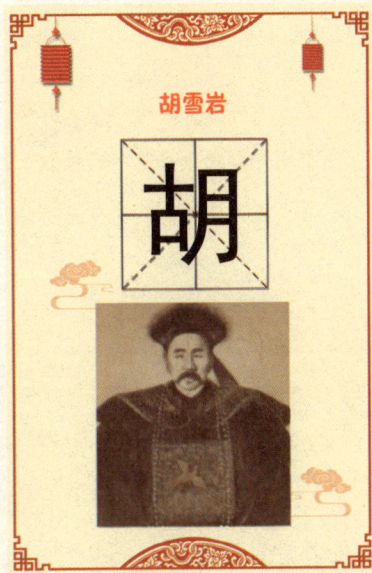

十六、郭：虢氏声转而成的姓

一部《射雕英雄传》让很多人知道了郭靖这个名字，而熟读史书的人也不会忘记唐代中兴名将郭子仪。郭姓名人众多，影响力深远。那么郭姓是从何而来，又是怎样发展到今天的呢？

《三十六计》中有一个计策叫假道伐虢，讲的是春秋时期晋国对外征伐过程中发生的一件事，其中这个虢国就与我们今天人口众多的郭姓息息相关。

郭姓人口众多，目前在我国姓氏人口中排第十六位，主要分布在河南、河北、山东等中原省份。其中河南的郭姓人口最多，这里正好就是古虢国的所在地。

虢国有东虢国和西虢国之分，国土正好在周王朝附近。首任国君分别是周文王的两个弟弟虢仲和虢叔，因此可以说他们是周王室的近系。但正因为是王室近系，肩负着拱卫王室的任务，所以在春秋各诸侯国并吞周朝天下的时候，虢国首当其冲，成了各诸侯国攻击的焦点。

西周末年，西虢国外迁，成为南虢国；东虢国灭国后兴复，成为北虢国。进入春秋时期，两个虢国又先后被晋国吞并。虢国后人先是逃往王城洛邑，后又投奔楚国避难，在这个过程中，虢国人将姓氏改为郭氏。

因为虢改郭是整个族群共同的选择，加上虢国在周代时发展迅速，人丁兴旺，所以在改姓之后，郭姓一度成为中原大姓，并因为族人分散迁移而遍布华夏。

秦汉时，郭姓扩散的地区极大，北抵塞外，西至西域，南到巴蜀、洞庭地区都有分布。魏晋南北朝时，郭姓随着中原人大举南迁，已扩散到了长江南北的广大地区。唐朝时，郭姓随以北方人群为主体的南下移民进入了福建，郭姓开始在闽江、珠江流域扩散。

唐朝中叶，大将郭子仪平定了安史之乱，被封为汾阳郡王，中兴之功带来了郭姓的兴旺，郭姓一时达到鼎盛。因为郭子仪名声太过响亮，现在无论北方还是南方的郭姓后人，多奉郭子仪为先祖。

郭姓历史人物众多，除了永载史册的郭子仪，还有文学家郭璞、天文学家郭守敬、历史学家郭沫若等。

郭璞：字景纯，河东闻喜（今属山西）人，东晋文学家、训诂学家。他好古文、奇字，精天文、历算、卜筮，擅诗赋，是"游仙诗"的祖师。

郭子仪

郭子仪：华州郑县（今陕西渭南市华州区）人，唐代政治家、军事家，平定安史之乱的第一功臣，有再造大唐的功劳。他一生多福多寿，被誉为古代出将入相的楷模。

郭守敬：字若思，邢德邢台（今属河北）人。元朝著名的天文学家、数学家、水利专家。郭守敬曾担任都水监，负责修治元大都至通州的运河。

十七、何：韩氏音讹而成的姓

何姓起源较早，代际传承久远，后来更有大量的外姓融入，由此让何姓成为中华大姓之一。今天，何姓同胞可以在世界各地找到他们的宗亲会，大家追思共同的祖先。那么，何姓祖先又有着怎样的故事呢？

何姓人口众多，在我国姓氏人口中排名第十七。在全国姓氏人口排名前二十位的大姓中，何姓是最具融合色彩的姓氏。

《新唐书》记载，在汉朝时期，月氏人和粟特人曾在西域河西走廊一带生活，并形成了强大的族群，其中最著名的就是昭武九姓。何姓是昭武九姓之一。当时这些人在西域建立了很多城邦国家，何姓族人也因此在西北地区生息繁衍，成为汉乃至隋唐时期北方举足轻重的大姓。

当然，这并不代表何姓在中原地区没有分布。事实上，何姓在战国时期就已经出现，因此有学者推断何姓很可能源自战国时期的韩国。

战国时期，韩国人以韩为姓，但在韩国灭国之后，国内贵族分散各地。一些家族为了躲避灾祸，纷纷将韩改为与之发音相近的何，因此在中原地区出现了大量的何姓家族。如果这个推论正确，那么何姓与韩姓应该是同宗同源，只不过随着时代的发展，何姓后人的生息繁衍能力远远超过了韩姓。

何姓的另一次重大发展发生在南北朝时期。北魏鲜卑人统一北方之后，孝文帝锐意改革，要求鲜卑人汉化，其中改汉姓就是最重要的举措。改姓时，在鲜卑人中占有重要地位的贺拔氏改姓何，这也使得何姓在北方的人口陡然增多了。贺拔氏在北魏的地位很高，其后代生息繁衍的空间较大，这更给何姓的发展创造了契机。

到了唐朝，随着中原移民的南迁，何姓家族也开始大量迁入南方，其中迁入四川、广东和湖南的何姓家族最多。发展至今，何姓已经在南北方呈现平均分布的态势。

何姓源远流长又长于融合，因此人才济济，比较著名的人物有西汉大臣何武，东汉经学家何休、大将军何进，南朝宋天文学家何承天，清代书法家、诗人何绍基，近现代无产阶级革命家何叔衡、何子渊、何香凝等。

何叔衡：原名启，字玉衡，号琥璜，湖南宁乡人。中国无产阶级革命家，中国共产党创始人之一。1935 年被国民党包围，于突围时牺牲。

何香凝：广东南海（今广州）人，民主革命家、政治活动家，辛亥革命元老廖仲恺先生的夫人，中国国民党革命委员会主要创始人，长期从事统一战线工作，对中国革命贡献巨大。

十八、林：源出比干之子的姓

作为我国人数排名第十八位的大姓，林姓在中国呈现南多北少的分布特征。那么，是什么历史机缘促成了今天的林姓分布呢？林姓先祖又是怎么一步步向南方迁徙的呢？

林姓人口众多，在姓氏人口中排名第十八位。林姓分布最多的是福建省和受福建省影响巨大的台湾地区，而且与福建和台湾的客家人的分布范围高度重合。因此我们可以推测，林姓是一个来自中原地区，并不断南迁的汉族古姓。

事实也确实如此，林姓起源于子姓，其先祖可以追溯到商代名臣比干。据说比干被纣王杀害后，其夫人妫氏曾避难于河南卫辉、淇县一带的长林，并生下一个儿子。周武王灭商后，赐比干儿子林姓。

林姓的另一个源头是姬姓的周王室。传说周平王庶子名林开，其后世子孙为纪念这位先祖，便以先祖的名为姓。

林姓早期在中原一带繁衍生息，因为出身于王室，所以林姓后人曾在多个诸侯国内任职，比如赵国的宰相林皋。秦汉时期，因为中原动乱，林姓家族开始逐渐南迁，但此时林姓的主要聚集地依然在北方。东汉魏晋时期，林姓的郡望有济南、下邳。

魏晋时期是林姓南迁的高潮。因为北方动乱，林姓各支开始举族南迁，不同于其他姓氏先迁江淮再迁东南，林姓家族几乎是直接进入闽江流域的，因此在晋代林姓便在福建地区形成了家族优势，晋安林氏更是成为南方举足轻重的大家族。

隋唐之后，姓氏的大规模迁移已经趋于结束，而林姓也彻底成为南重北轻的南方大姓。此时因为林姓强大的影响力，很多往来泉州等地做生意的波斯人、阿拉伯人在汉化后甚至改姓林，这更让林姓增加了一些国际色彩。

林姓人才辈出，史不绝书，其中最著名的就是近代禁烟英雄林则徐，此外还有爱国义士林觉民等。

林则徐：福建侯官（今福州）人，清代政治家，民族英雄，以禁绝鸦片之举留名青史。他主张学习西方的先进技术，是近代中国睁眼看世界的第一人。

林觉民：福建闽县（今福州）人，民主革命烈士。1911年参加广州黄花岗起义壮烈牺牲，生前留下绝笔书，表达了为"克复神州，重兴祖国"而献身的决心。

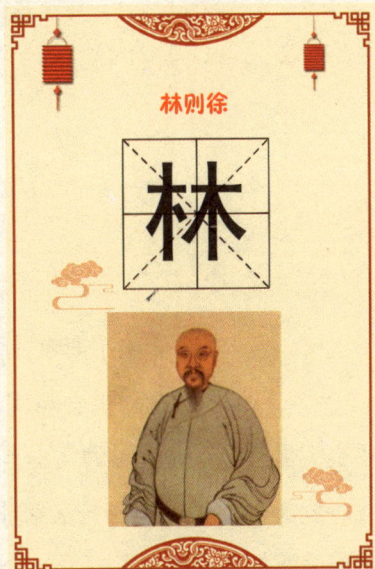

林则徐

十九、罗：源于荆楚的大姓

罗姓名人在历史上数不胜数，然而与其他大姓起源于中原不同，罗姓起源于荆楚之地。那么，这样一个荆楚大姓是怎样成为如今姓氏人口排名第十九位的中华姓氏的呢？

"**滚**滚长江东逝水，浪花淘尽英雄……"我们看到这两句词，不用人提醒也会瞬间联想到《三国演义》。而元末明初的文人罗贯中也凭借这部享誉世界的文学著作，成为罗姓知名的代表。

罗姓在姓氏人口中排名第十九位。从历史上看，罗姓是一个典型的多民族、多源流的大姓。

关于罗姓的起源，一般认为与楚国有关。楚穆王有子孙名匡正，因为征伐有功，被封在罗水——大致就是今天湖北宜昌地区，匡正的子孙便以罗为姓氏。到了春秋末期，罗国被楚国吞并，国内贵族迁徙四方，罗姓就这样散布开来。

此时罗姓的扩散，大致是以楚国腹地为中心，向四周逐步迁移。到了汉朝时期，罗姓已经广布于今天的湖南、江西等地。

魏晋南北朝时的衣冠南渡和唐朝时的开发岭南，让本就在南方地区的罗姓进一步往南迁移。此时，广东、福建等地也逐渐开始有罗姓分布，这一点从当地的一些宗祠资料中便能够得知。明清时期，广东、福建的罗姓同胞大量进入台湾，所以今天在我国的台湾有大量的罗姓同胞；还有一些罗姓迁至东南亚，现今东南亚更是有大量的罗姓华侨。

除了这一支源流较长、较清晰的罗姓，还有一些少数民族改姓罗的情况。北魏孝文帝迁都洛阳后，把鲜卑族的叱罗氏改为罗氏；唐朝时西突厥可汗斛瑟罗入唐，其后人就以斛瑟罗为姓，后逐渐改为罗姓；清末推行改土归流政策，云南、贵州等地的苗族、瑶族、侗族同胞纷纷改汉姓，一些人也改姓罗。

罗姓同胞人才辈出，历史上出现过众多名人，比如大诗人罗隐、小说家罗贯中等。

罗隐

罗隐：字昭谏，杭州新城（今浙江杭州市富阳区西南）人，唐末诗人。他早年应试，屡次不中，自称"十二三年就试期"，后自编《谗书》，55岁时归乡依附镇海军节度使钱镠，历任钱塘令、司勋郎中、给事中等职。

罗贯中：元末明初杰出小说家，代表作《三国演义》为中国古代四大名著之一，其他著作有《隋唐两朝志传》《残唐五代史演义》《三遂平妖传》等。

二十、高：以封邑命名的姓

高姓不仅仅是一个中华大姓，在越南、韩国乃至日本，也有着强大的影响力。那么，高这个蕴含着无限褒奖意味的汉字，成为姓氏后又经历了什么呢？

高姓排名姓氏人口的第二十位，其中河南省的高姓同胞最多，高姓也因此成为中原大姓。那么，高姓是否起源于河南呢？

根据学者研究，高姓的源头其实是位于今天山东的齐国。齐文公有一个儿子名叫公子高，受封于高邑，其后世子孙便以高为氏。因为齐国的国姓是姜，所以高姓可以说是源自姜姓。而真正让高姓成为举足轻重的大姓的人，是公子高的孙子高傒。

相传高傒曾做过一件让家族崛起的大事，那就是在公子小白（也就是后来的齐桓公）和公子纠的内斗中站在了公子小白一边。因此当公子小白登上齐国国君之位后，高傒便被封为齐国上卿，高姓因此在齐国的影响力迅速扩大。

高傒的七世孙高止在齐国遭到了排挤，率领族人离开齐国投奔燕国，就这样高氏开始在河北地区繁衍。后来高止后裔中的一支又离开了燕国前往宋国，并在宋国具有举足轻重的地位，高姓也因此在河南地区站稳了脚跟。

秦朝统一天下时，整个北方可以说遍布高姓的足迹。到汉朝时期，高姓逐渐形成了辽东、渔阳、广陵、渤海等几个郡望，高姓在中原的影响力可见一斑。

西晋时，高姓继续向北迁移。此时，高姓的一支以高欢为代表，还曾短暂控制过北方政权。不过好景不长，高欢控制的北齐很快灭亡，高姓族人因此被迫移民陕南和蜀地。此时，一个意外的情况出现在了高姓家族当中。高姓的一支曾远赴辽东避难，在开拓辽东的时候，大量高姓后人进入朝鲜半岛，在朝鲜留下了大量的后人。至于这些后人与今天朝鲜、韩国，甚至日本高姓之间的关系，则需要进一步研究考证了。

值得一提的是，高姓虽然是一个历史悠久、源流清晰的姓氏，但在历史上，也曾杂糅进大批的周边少数民族人口。尤其是在南北朝、隋唐时期，大量靺鞨、鲜卑、匈奴、铁勒人改姓高，例如隋朝著名军事家、政治家高颎就是鲜卑人后裔。这种改变也使得高姓成为具有融合性的大姓。

高姓最后一次改姓大潮发生在清朝光绪年间。那时大量满族人改用汉姓，有的以满姓汉语音译后的第一个字作为汉姓，满洲著名大姓高佳氏中的大部分人就改姓了高，据统计这一谱系的人很可能超过十万。

高姓在我国历史上名人众多，比较著名的有唐朝宰相高士廉、大诗人高适，明朝大学士高拱，清朝翰林院学士高士奇。

高士廉：本名高俭，字士廉，渤海蓨县（今河北景县）人。唐朝初年宰相，唐太宗文德皇后的舅父，曾参与玄武门之变，官拜侍中、吏部尚书，封许国公。

高适：字达夫，唐代著名边塞诗人。高适与岑参并称"高岑"，与岑参、王昌龄、王之涣合称"边塞四诗人"。

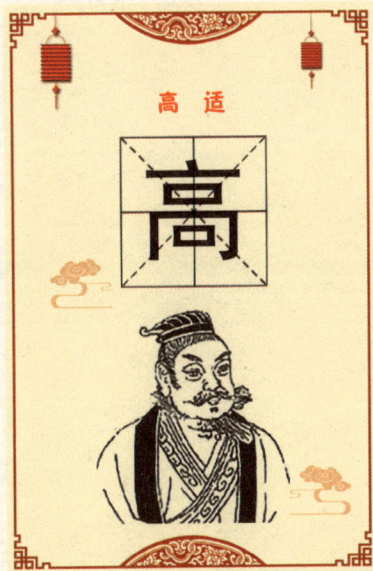

附　录

《百家姓》

赵钱孙李，周吴郑王。冯陈褚卫，蒋沈韩杨。朱秦尤许，何吕施张。
孔曹严华，金魏陶姜。戚谢邹喻，柏水窦章。云苏潘葛，奚范彭郎。
鲁韦昌马，苗凤花方。俞任袁柳，酆鲍史唐。费廉岑薛，雷贺倪汤。
滕殷罗毕，郝邬安常。乐于时傅，皮卞齐康。伍余元卜，顾孟平黄。
和穆萧尹，姚邵湛汪。祁毛禹狄，米贝明臧。计伏成戴，谈宋茅庞。
熊纪舒屈，项祝董梁。杜阮蓝闵，席季麻强。贾路娄危，江童颜郭。
梅盛林刁，钟徐邱骆。高夏蔡田，樊胡凌霍。虞万支柯，昝管卢莫。
经房裘缪，干解应宗。丁宣贲邓，郁单杭洪。包诸左石，崔吉钮龚。
程嵇邢滑，裴陆荣翁。荀羊於惠，甄曲家封。芮羿储靳，汲邴糜松。
井段富巫，乌焦巴弓。牧隗山谷，车侯宓蓬。全郗班仰，秋仲伊宫。
宁仇栾暴，甘钭厉戎。祖武符刘，景詹束龙。叶幸司韶，郜黎蓟薄。
印宿白怀，蒲邰从鄂。索咸籍赖，卓蔺屠蒙。池乔阴郁，胥能苍双。
闻莘党翟，谭贡劳逄。姬申扶堵，冉宰郦雍。郤璩桑桂，濮牛寿通。
边扈燕冀，郏浦尚农。温别庄晏，柴瞿阎充。慕连茹习，宦艾鱼容。
向古易慎，戈廖庾终。暨居衡步，都耿满弘。匡国文寇，广禄阙东。
欧殳沃利，蔚越夔隆。师巩厍聂，晁勾敖融。冷訾辛阚，那简饶空。
曾毋沙乜，养鞠须丰。巢关蒯相，查后荆红。游竺权逯，盖益桓公。
万俟司马，上官欧阳。夏侯诸葛，闻人东方。赫连皇甫，尉迟公羊。
澹台公冶，宗政濮阳。淳于单于，太叔申屠。公孙仲孙，轩辕令狐。
钟离宇文，长孙慕容。鲜于闾丘，司徒司空。亓官司寇，仉督子车。
颛孙端木，巫马公西。漆雕乐正，壤驷公良。拓跋夹谷，宰父谷梁。
晋楚闫法，汝鄢涂钦。段干百里，东郭南门。呼延归海，羊舌微生。
岳帅缑亢，况郈有琴。梁丘左丘，东门西门。商牟佘佴，伯赏南宫。
墨哈谯笪，年爱阳佟。第五言福，百家姓终。